Karl Renner
カール・レンナー入門

アントーン・ペリンカ
青山孝徳訳

成文社

カール・レンナー入門——目次

序……7
一、カール・レンナーという人物の重要性……9
二、民族を問う……17
三、法を問う……30
四、国家を問う……41
五、民主主義を問う……54
六、受動あるいは日和見主義と国内亡命……65
七、国父……78
八、レンナー　社会民主主義者の一つの類型……93

九、レンナー　オーストリア人の一つの類型……106
付論　ヴォルフガング・ツヴァンダー「国父カール」……119
訳者あとがき……132
著者紹介……142
謝辞……143
訳注……152 (23)
原注……163 (12)
参考文献……166 (9)
カール・レンナー関連年表……169 (6)
人名索引……174 (1)

凡例

一、本書は Anton Pelinka, Karl Renner zur Einführung, Junius Verlag 1989 を訳したものである。さらに付論として Wolfgang Zwander, Väterchen Karl. Karl Renner war der österreichischeste aller Politiker. Das macht seine Beurteilung heute so schwierig, in: DATUM, 02/19 (S. 32-37) の訳を付した。

二、訳書タイトルは『カール・レンナー入門』、付論は「国父カール」とした。

三、人名の発音表記は、原則として DUDEN 発音辞典にしたがった。しかし、慣用にしたがったものもある。たとえば、同辞典で Renner は「レナー」だが、訳では「レンナー」にした。

四、地名表記は、かならずしも統一されていない。歴史的変遷を考え、記述対象となった時代の地名と現在の地名を併記するよう努めたが、英語名を片仮名表記しただけのものもある。(たとえば、ボヘミアを使い、ドイツ語のベーメンあるいはチェコ語のチェヒを使用していない)。あるいはドイツ語の歴史的地名を、そのまま片仮名表記しただけのものも残る。

五、本分中の鉤括弧［　］は、訳者による補注である。

六、本文の原注は章ごとに通しの番号で表示した。また訳注は、これも章ごとに丸で囲んだ通し番号(例えば①)で原注と区別した。双方とも本文末に置いている。付論にも訳注を付した。

七、原書に人名索引はないが、本書では読者の便宜のため、あいうえお順の人名索引を付した。

八、年表は、原書のものを訳してそのまま用いた。ただし、最新の研究に基づき、一部修正の注を鉤括弧「　」で挿入した。

九、カバーの写真は、グログニッツにあるカール・レンナー博物館(Dr. Karl Renner-Museum für Zeitgeschichte Gloggnitz)から提供を受けた。ここに記して深く感謝申上げる。

カール・レンナー入門

Anton Pelinka, Karl Renner zur Einführung, Junius Verlag (Hamburg) 1989

Wolfgang Zwander, Väterchen Karl. Karl Renner war der österreichischeste aller Politiker. Das macht seine Beurteilung heute so schwierig, in: DATUM, 02/19 (S. 32-37)
(link: https://datum.at/vaeterchen-karl/)

序

この『入門』を書くことになったのは、ペーター・クーレマンの提案がきっかけである。彼はオーストロ・マルクス主義を検討していて、カール・レンナーに出会った。レンナーはオーストロ・マルクス主義者の中で実に尋常ならざる人物であり、魅力に富んだ人物である。理論的に彼がオーストロ・マルクス主義「右」派のもっとも重要な代表者であることは、はっきりしているが、彼は世紀転換点から一九五〇年まで、他のどんなオーストリア人にもましてオーストリア政治の具体的な形成に大きく関わった。

これがカール・レンナーという人物に興味を惹かれる点である。彼は実践家、理論家であり、詩人、プロパガンディストへと変化するが、その特徴はいくつもの一定の型である。それは彼の掴みがたい行動に、まるで赤い糸のように一貫している。この入門書のテーマは、類型としてのレンナーであり、本書はカール・レンナーの政治的・精神的地図を研究する予備作業と言える。

本書はレンナーの生涯と活動を章ごとに分けて検討してゆく。それぞれの章の理解を助け読みやすくするため、あるきまった引用と議論が、一つの章だけにとどまらず提示される。たとえば、一九三八年にレンナーが応えた周知のインタヴューである。これを二箇所に別々に載せている。

本書は当然のことながら聖人伝ではない。けれども、白か黒かというような個人攻撃を行うものだと理解しないでいただきたい。レンナーが持つ複合性のゆえに、皮相な道徳的判断は、どんなものでも排除されるべきである。もっとも、そうした道徳的判断が、レンナーの抑制の効かない転向・適応能力に鑑みて適切だと言えないこともないのだが……。

数々の人々との刺激的な会話の影響は、原稿の作成に及んだ。とりわけ、ゲーアハルト・オーバコフラー、エードゥアルト・ラボフスキ、アンソン・ラビーンバッハ、ミヒャエル・ジーガト、ゲーラルト・シュトウルツとの会話である。原稿を仕上げてくれたエレン・ムガーヴェロと、原稿に厳しく目を通してくれた妻のアルムートに感謝する。

インスブルックにて、一九八八年九月

アントーン・ペリンカ

一、カール・レンナーという人物の重要性

今日のヨーロッパの政治体制の中には、その存続と安定が特定の個人と密接に関連しているものがある。ソ連はレーニン抜きには考えられない。［ドイツ］連邦共和国は、基本的にアーデナウアーによってつくられた。一九四五年以降のユーゴスラヴィアもまた、基本的にチトーの国である。さらにフランス第五共和国は、ドゥ・ゴールの意図に沿っている。

シャルル・ドゥ・ゴールは二度、つまり、まずは一九四〇年に、そして再び一九五八年にフランスの運命に大きな影響を与えた。彼は二度、共和国の頂点に立つ。しかし、一九四〇年のロンドンにおける歴史的な抵抗の意思表明、フランス解放［一九四四年］、そして第四共和国樹立［一九四六年］と、他方、ドゥ・ゴール主義の復活、第四共和国から第五共和国への移行［一九五八年］との間には、多年にわたる精神的亡命と無力の時間が横たわっていた。これがカール・レンナーとシャルル・ドゥ・ゴールとを結びつける。レンナーも同じように、一九一八年にオーストリア共和国が樹立された時、そして一九四五年に再建された時にも、まさにその中心にいた。今

日のオーストリアとの関連で、ともかくも表面的にレンナーの歴史的役割に類例をもとめるとすれば、シャルル・ドゥ・ゴールを置いて他にいない。レンナーは一九一八年から一九二〇年にかけて暫定首相を務め、その後何年にもわたる野党活動を経て直接の政治活動から身を引いた後、第二共和国初めの統合の中心的人物だった。

しかしながら、レンナーはドゥ・ゴール以上に理論家だった。マルクス主義の伝統に連なる社会主義者ではあるが、大方のマルクス主義者の目には、早々とマルクス主義の地盤から立ち去った理論家だった。同時にレンナーは、民族、法、国家の理論家として激しい論争の的だった。ただ、ドゥ・ゴールと違って、決してかたくなな独行の人ではなかった。戸惑う、あるいは同意しない周囲の者に自分の意思を押しつけることはなかった。政治の実務者であるレンナーは、まさにその時に支配的な影響を及ぼす政治的諸要因の論理的な合力と思われるところを表明し行動に移した。レンナーは二度、政治的に優勢な論理的必然を実行に移した。彼にとって、この論理に正面から逆らうことは、まったく考えられなかった。

今日のオーストリアとオーストリア社会民主党①にとってレンナーの持つ意味は、数々の顕彰に現れている。いくつもの通りの名、一つの大きな記念像、さらにオーストリア社会民主党の公式の党学校（ドクター・カール・レンナー・インスティトゥート）が彼に因む。フリードリヒ・エーバト——彼はドイツ社会民主党の政権担当能力を、理論的な一貫性を犠牲にして立証した——と同様に、レンナーはオーストリア社会民主党の統治能力を体現する。彼がその理論と実践において体現するのは、党の国家との結びつきであり、その国家主義である。レンナーは二度、国家樹立者・共和国の生みの親となり、憲法に関わる転轍手でもあった。彼はまた、こうした事柄に対する責任を引き受ける用意もあった。この立場からも、彼はエーバトに比肩する。レンナーはまた、社会主義の主張と日々の統治とのあいだに横たわる矛盾のゆえに修正主義へと逸脱した。

だが、レンナーは、オーストリア社会民主党のラムジ・マクドナルド[②]ではない。レンナーは、連立政権を樹立してでも妥協を図ろうとする傾向にもかかわらず、党に対する忠誠の限界を越えることは決してなかった。彼が党から除名されるという危険に陥ることは、まったくなかった。というのは、彼は、妥協と連立覚悟を代弁する自分の意義が、社会民主党内の自分の地位とつながっていることをよく知っていたからである。英国労働党の初代首相ラムジ・マクドナルド（在職、一九三一―一九三五[③]）は、統治のプラグマティズムと妥協の用意を、自党の許容範囲を超えて追及したが、レンナーは、自分の「右派」の立場に繰り返し向けられる手厳しい批判にもかかわらず、自党の枠内にとどまった。

ましてやレンナーは、オズワルド・モズリ[④]などではない。この人物もまた労働党にあって新興で、［マクドナルドと］同様に実践と統治に傾注する路線の代表者だったが、政治行動への有無を言わさぬ衝迫に駆られて、一九三〇年代、社会主義者からファシストへ転向した。レンナーはオーストロ・ファシズムと国家社会主義［ナチズム］に抗するあらゆる個人的な徹底抗戦を避けたり、一九三八年には国家社会主義者たちに自分を広告塔として売り込んだりしたが、モズリの道を歩まなかった。彼がオーストリアのモズリの役を、たとえ短期とはいえ演じようとした証左は一切ない。だが、彼はオーストリアの著名な社会主義者のうちで唯一人、ナチが支配する年月の間、ナチのテロ組織に煩わされることなく、⑤静穏な退職者の生活を送ることができた。

配偶者として、そして父親としてのレンナーの個人生活は、一つ［後述の］例外はあるものの、人目を惹くような特別なことがあったわけではない。小農の環境で育ち才能に恵まれた学生がウィーンで、後に妻となるルイーゼと早い時期に知り合った。一八九一年、ふたりのあいだに娘レオポルディーネが生まれた。父親はまだ勉学の身で、母親は奉公人として働いており、レオポルディーネはウィーン近郊のプルカースドルフの、とある家庭に里子に出された。レンナーが勉学を終えてはじめて両親は結婚し、⑥レオポルディーネはやっと両親の家に引き取られた。[1]

レンナーと妻ルイーゼとの結婚生活は六〇年に及んだ。レオポルディーネは、この結婚で生まれた一人っ子だった。レンナーと娘とのあいだには特別の関係が育った。この父子関係の注目に値する結果は、一九三八年、レオポルディーネが「ユダヤ人」の配偶者ハンス・ドイチュ及び二人のあいだの子供たちとともに英国に亡命せず、グログニッツの両親のもとに留まったことである。[2]

こうした親密な家族関係をどう解釈するかは別にして、この小家族の安穏さはきわ立っている。レンナーは、彼を目にして記録を残した同時代人に対しても、情緒的に安定し、自分と自分を取り巻く環境に非常に満足している印象を与えた。

人間レンナーは、まったくの好人物に映った。彼は複雑な人間ではないとされ、多くの観察者の目に、彼のような押し出しの政治家にしては、とても「まとも」だった。[3] 彼はまさにプチブル的な「良き生活」を愛していたが、僅かといえども成り上がりの態度を身につけることはなかった。彼は他の著名なオーストロ・マルクス主義者たちと違って、政治一本槍には見えなかったけれども、実際にはつま先から頭のてっぺんまで政治家であり、ごく若い時からその最期にいたるまで政治のために生きた。

レンナーは狭い意味での政治家というだけでなく、政治的な著述家であり、政治的な理論家だった。二〇世紀に一国の「転轍手」だった政治家のうちで、「レンナーの」他にはおそらくレーニンだけが、あるいは、ひょっとするとチャーチルを含めてよいかもしれないが、大量の著作を残している。同様の影響力を持った他の政治の転轍手たちはみな、どうやら理論的著作のための時間的余裕を持たなかったか、あるいは気持ちにゆとりがなかったようだ。

レンナーの好人物ぶりに彼の持つ多様性が加わる。憲法学者のレンナーであり、法社会学者のレンナーであり、マルクス後における社会民主主義的国家論を著すレンナーである。そして最後に詩人でもあるレンナー。ナチの時代、グログニッツにほぼ隠棲状態で暮した頃、現代の世界像の成り立ちを謳う「教訓詩」――全部で二一の詩(うた)からなる――を書き付けた。彼の死後三年以上経った一九五四年に公刊されたこの詩作品は、注を含めて四五三ページにも達する。この詩は

「我等の時代の自然探求者たち」に捧げられている。詩人としてのレンナーは、ここでは進歩に楽観的な、科学信奉の予言者として立ち現れる。
レンナーの進歩への情熱(パトス)は、たとえば以下に引用する、教育詩の「フィナーレ」と題された結語の章句に表現されている。

汝ら耐えて果実を待ち望むべし
其は緩やかに学匠の房中に実らん
秘宝を求める者どもは密かに掘り進み
抗の土塊より　やがて取り出す宝もの
みな一つずつ新たな小片見出せば
やがてすべての宝　其の姿露わさん
探し求める者たちの共和国　じつに
かいがいしき蟻たちのくに
たゆまず別々の持ち場に働く
離ればなれの思索者たちながら　働きかけは統べられて
分かたれし骨折り　かくてあらゆる真理をもたらす
多者の光　ようよう日の光を放つ

（レンナー『現代の世界像』四二二ページ）

詩人レンナーの広範な教育詩は、広範な社会学とほぼ同時期に生まれたが、[4] 彼はむしろごく平凡な人文主義者のようであり、まったく社会主義者などではなく、いわんやマルクス主義者でもない。もちろんナチ支配の時期には、密かに書きつける著作であっても、ありふれた一般的な人文主義の枠を踏み外さないことが適切だったかも知れない。しかし見逃せないのは、レンナー晩期の著作が特段に非政治的で、進歩に対しておおむね楽観的であり、これといった特徴も見られないことである。

レンナーは年がら年中舞台に出ている人間（der Mann für alle Jahreszeiten）であり、異なった観察者にとっては、その都度、異なった人間だった。誰もがレンナーに拠り所を求めることができる。今日のオーストリアでは、右翼急進主義のドイツ民族派が一九三八年の「合邦に賛成する」レンナーを想起することができる。社会的パートナーシップ支持者たちは、一九一八年から一九二〇年の「保革連立時代の」レンナーを引用する。オーストリアのコンセンサスを代表する者たちは、一九四五年から一九五〇年のレンナーに依拠する。「右派」社会民主主義者たちにとって、レンナーは都合の良い道具であり、「左派」社会民主主義者たちは、レンナー理論の国家強調に、ともかくもお気に入りの力点を見出すことができる。憲法学者と法社会学者、議会の実務者と政府を担う者、こうした者すべてにとって統合の中枢的存在であるレンナーは、多くのものをもたらしてくれる。二〇世紀前半のオーストリアで、レンナーがそのような存在だったことは間違いない。

誰もが自分だけのレンナーを持つ。今日もなおレンナーは非常に役に立つ。すでに生存中、彼はまったくさまざまな利害関係者に、たいていうまく自分の公務を合せることができた。死後のレンナーも似たような役目を果たす。彼はバラバラにすることがない。彼は結合する。本来統合し得ないものもまた統合する――生存中はその実践において、そして今日もなお、その理論において統合する。レンナーは匠である。敵対的矛盾に対し、戦術的、戦略的に配慮された見かけ上の解決策をいつももたらす匠である。

二、民族を問う

カール・レンナーは二度、つまり一九一八年と、もう一度一九四五年にオーストリア共和国の樹立に立ち会った。彼は二度、始まったばかりの小共和国オーストリアに自分の名前と政策、思いを刻み込んだ。だが、彼の政策だけでなく、ほぼ同程度に彼の理論にもまた映し出されていたのは、オーストリア社会民主党とオーストリア全体がドイツ民族主義になびき易かった事実である。

カール・レンナーの出自には、旧いオーストリアの社会の軋轢だけでなく、民族問題の緊張も反映されている。一八七〇年一二月一四日、彼はドイツ語を話す零落した農民の子供として、モラヴィアのウンタータノヴィッツ［現在のドルニ・ドゥナヨヴィツェ］という村に生まれた。[1] レンナーの著作には繰り返し、ヴァーツラフ王冠の地［チェコ］で暮すドイツ語住民の問題が顔を出している。一九三八年に書かれた著作が「ズデーテン問題」［チェコのドイツ人の取り扱い］を論じていたのは、決して偶然ではなかった。この書は、ナチに容認され推奨された。[①]

若いカール・レンナー――彼は早い時期に労働運動の影響を受け、刻苦して勉学への道を切り開いた――にとって「ドイツ人」としてのアイデンティティは、少なくとも一九三八年までは自明のものだった。これによって彼は、オーストリア社会民主党――同党は、ドイツなるもの（Deutschtum）から明確に区分されたオーストリアを認めない――と自分との間に食い違いなどないと考えるだけでなく、帝国で優勢なオーストリア概念との一致も見出していた。オーストリアは超民族的な観念（Konzept）であり、ドイツ人にとどまらず、チェコ人、スロヴェニア人、ポーランド人、ガリツィア人、さらにイタリア人もまた包摂するものだった。

一八九六年にウィーン大学で法学博士号を取得した[2]カール・レンナーは、その文献目録によれば、一八九四年には『労働者新聞』に記事を二つ発表している。一八九五年には旅行組織「自然の友」の会則を発表した。しかし、初のやや大きな著作は、オーストリアの将来の問題、つまり民族問題を扱っていた。

はじめからレンナーに特徴的だったのは、彼が憲政の革新（verfassungspolitische Erneuerungen）によって民族問題に対処しようとしたことである。一八九七年に匿名で出版された二つの冊子では、分析のための一つの可能な切り口として憲法に注目していた。（なお、匿名出版は、「帝国議会」図書館員として公務員であるレンナーが忠誠義務違反を犯さないためだった）。一八九八年に刊行された冊子の観点もまた同じだった[3]。一八九九年に筆名「ジノプティクス」で出版された薄い本『国家と民族』は、レンナーのもっとも重要な著作であり、社会民主党による、とりわけ重要な指折りの著作だった。それは旧オーストリアの政治的・戦略的論議に資するものであり、民族間の衝突を、オーストリアの国家改造によって前向きに克服しようとするものだった。レンナーの基本的な考えは、オーストリア国家の紐帯の内（österreichischer Staatsverband）に存在する個々の民族に、できるだけ大幅な自治を与え、その際、民族への所属は属地の観点から決めるのではなく、属人の観点から、すなわち本人の申告を基に決定する、というものだった。

そこから［誰も自民族によって保護されない状況から］諸民族集団（Nationalitäten）を構成すること、諸権利とさまざまな責任とを付与すること、そして以下を宣言することが必要になる。つまり、ある民族に属する者なら誰でも、帝国のどこにあっても……自民族による保護を受け、負担と義務を負う、ということである。要約すれば、属人原則が取り決めの基礎に置かれるべきこと、諸民族を諸地域団体として組織するのではなく、諸属人団体として構成すること、つまり諸国家としてではなく、諸フォルク（Völker）として、伝説上の国家の諸法に従うのではなく、生き生きとしたフォルクの法（Volksrecht）に従うこと（レンナー『国家と民族』一九ページ）。

一九〇二年、レンナーはさらに包括的な一冊に自分の考えをまとめた。今回は「ルードルフ・シュプリンガー」の筆名で、書名を『オーストリア諸民族の国家をめぐる闘い』とした。さらに一九〇六年には再び「ルードルフ・シュプリンガー」の筆名で、『オーストリア＝ハンガリー帝国の諸基礎と発展諸目標』を著した。属人原則の中心となる考えを、レンナーはここで憲政上必要とされる事柄（verfassungspolitische Postulate）によって補完した。そこには比例選挙という基本的な考えが含まれていた。比例選挙によって、少数民族としての個々の民族が保護されるべきだ、と言うのである。[4]

レンナーはこうした著作によって、オットー・バウアーの一歩先を行くことになった。それはレンナーが民族自治、属人原則、比例選挙を結びつけ、「オーストリア諸民族誓約同盟」（Eidgenossenschaft der österreichischen Nationen）のようなものが可能であると考え、それが長期の問題解決策として望ましい、と考えたことによる。このようにすれば、オーストリアは民主的な超民族国家となり、オーストリア国家の紐帯の内に存在する個々の民族が、ドイツ民族に属する者たちも含め、幅広い自治権を持って、この国家に自主的に服属することになる、とされた。

レンナーはオーストロ・マルクス主義の他の理論家たち（少なくともオットー・バウアー）に比べていっそう、改革されたオーストリアを単に過渡の解決策として受け容れるだけでなく、民主的な長期の解決策としても受け容れる用意が出来ていた。当時のレンナーにとって、オーストリアは決して民族（Nation）ではなく、民族を超えるもの（Übernation）であり、彼にとってドイツ民族としてのアイデンティティの感覚は当たり前のものだったにしても、ここにはすでに「社会愛国主義③」（Sozialpatriotismus）の萌芽が見えていて、これが一九一四年以降、徐々にレンナーの党主流からの孤立を招く恐れがあった。

一九一二年に民族問題研究のため、オーストリアに滞在していたヨシフ・スターリンは、レンナーの特に属人原則を批判した。[5] スターリンとレーニンの立場は、一〇月革命後のソ連の体制に表現された。

レンナーの構想は理論に留まった。ただ、その理論は実践から遮断されておらず、実践とつながったものだった。レンナーが旧いオーストリアの民主化と改革とを、社会主義の目標を掲げながらも全面的に可能だと考えていたため、彼は社会民主党が持つ行動への欲求を理想的に正当化することになった。帝国の民族問題を扱ったレンナーの最初の理論的著作はすでに、彼の理論全体にわたる方法の原形を示していた。それは、理論形成によって実践を可能にしようとするものである。レンナー理論の目標はいつも、何らか可能な実践だった。旧いオーストリアを、社会民主主義の構想に基づく「誓約同盟」に改造することは叶わなかった。しかし、実践とは、旧いオーストリアの代表者たちが、あるいはまた、社会民主党とは基本的に対立する他の諸潮流の代表者たちが行う問題提起（Signale）に対応する用意（Bereitschaft）だった。

実践を正当化するものとしての理論というパターンが、議会人としてのレンナーの経歴に、また政治的著作家としての経歴に付いて回った。一九〇七年、男子普通平等選挙権の原則に基づいて初めて行われた帝国議会選挙の結果、彼は議員に選出された。同じ年、オーストリア社会民主党の理論誌『カンプフ』（闘争）が創刊され、レンナーはオットー・バウアー、アードルフ・ブラウンとともに三人の編集者に選ばれた。[6]

もっともレンナーの民族問題に対する見解は、すでに党内で時代遅れになっていた。一八九九年にまとめられたブリュン綱領はいまだ、民族紛争克服を党内で先取りしようとする全オーストリア社会民主党の試みを反映していた。だが、それに続く年月に一歩一歩、統一された全オーストリア社会民主党は終焉を迎えた。[7] まず、社会民主党と連携する労働組合が分裂し、ついに党もまた分裂した。一九一一年の帝国議会選挙後、社会民主党の議会統一会派はもはや存在しなかった。この年に選出された八二人の社会民主党議員は、四四人のドイツ人、二六人のチェコ人、八人のポーランド人、三人のイタリア人、一人のルテニア人［ウクライナ人］からなっていた。[8] これら社会民主党員たちは、オーストリア憲法に基づいてオーストリア国家の枠内で行動したが、自分たちを真っ先にオーストリアの代表と考えるのでなく、ドイツ人の社会民主党の代表者、あるいはその他の社会民主党の代表者と考えた。

まだ［第一次世界］大戦の真最中だったが、後に『オーストリアの更新』（一九一六年・一七年）という三巻本にまとめられた新聞記事シリーズで、レンナーは自分の変革への楽観を表明していた。[9] けれども、ちょうどこの頃、同時に明らかになったのは、レンナーによるオーストリアの強調が彼のドイツ民族主義と手を携えていたことである。すなわちレンナーは社会民主党内で、フリードリヒ・ナウマンによる「中欧」構想のもっとも注目される擁護者になった。ナウマンを批判する社会主義者たちが、彼の構想にはとりわけドイツの覇権が見え隠れする、と帝国主義的な意図を非難したのに対し、レンナーはナウマンの「経済領域拡大という認識」を賞賛した。ここでレンナーの出発点は、ナウマンが「ドイツ民族に対し……征服の道を示すのではなく、隣人との協約の道を、また、オーストリア諸民族との真摯な対話の道を、さらにトルコとの同盟の道を指し示した[10]」ことだった。

ちょうどこの頃、すなわち一九一七年の裁判で、フリードリヒ・アードラーがレンナーを非難して「彼の最高原理はオーストリア国家である」と述べた[11]。フリードリヒ・アードラーは、レンナーの「社会愛国主義」と、「中欧」を擁護する構想とを攻撃し、社会民主党内に存在する「俗物的な偽りの精神」を歯に衣着せず批判した。この精神は「まさにドクター・カール・レンナーにより代表されております。彼は社会民主党のルエーガー⑤にほかなりません。我々の党に無原則の精神、ペテン精神をもたらしました。我々がこれを放置していることを、絶えず恥ずべきです[12]」。レンナーは「その時々の政府の顧問（Präsidialist）です」。レンナーこそ「革命をあざける者です[13]」。

この俗物・ペテン師であり、革命をあざけるレンナーが、革命から生まれたとされる政府の暫定首相になった。その「最高原理がオーストリア国家」というレンナーが、「ドイツオーストリア共和国」とドイツ共和国との合邦を唱えて実現に努めた[14]。そして、このレンナーこそ後に、軍事的にすでに完了したヒトラー・ドイツとの「合邦」のために宣伝の役割を買って出る用意があった。

もちろん、合邦の考えはすでに一九一八年に、レンナーのオーストリア構想に論理的に組み込まれていたように思われる。旧いオーストリアが理由はともあれ崩壊して、その結果、「オーストリアの誓約同盟」が実現不可能になるのだとしたら、旧い帝国の残余の「ドイツ人」にとって、ドイツ共和国との合邦はまったく当然の帰結のはずだった。だが、レンナーが一九一九年に戦勝国の命じた合邦禁止を受け容れていなかったら、彼は彼らしくなかったろうし、彼の理論が実践を手引きするものでもなかったろう。オットー・バウアーは合邦禁止に抗議して、暫定政府の［外務］大臣を辞任した。一方、レンナーは首相職に留まった。外部が強いるオーストリア独立にもかかわらず、である。

しかし、レンナーは合邦支持者のままだった。一九一八年から一九三八年の間、それは繰り返し明らかになった。[15] バウアーと違って、レンナーはサン・ジェルマン［講和］条約の政治的責任、ひいてはオーストリア独立の政治的責任を引き受ける用意があったが、合邦思想は赤い糸として残り、一九一八年から一九三八年まで彼の発言を貫いていた。

レンナーにとって一九一八年以降も、民族問題への回答は明快だった。レンナー及び［社会民主］党、さらにオーストリア人——彼らのためにレンナーが語り、そして語りかけた相手——はドイツ人だった。オーストリアは残りもので暫定のものに過ぎなかった。レンナーはいつものように手を貸す用意があった。けれども、固有の「オーストリア民族」という考えは、当初彼にはなじみがなかった。それはエルンスト・ヴィンター⑥やアルフレート・クラール⑦の創造だった。[16]

レンナーが『新ウィーン日報』紙（一九三八年四月三日）で次のように説明した時、自らのドイツ民族主義の継続性を、まったく首尾一貫して引き合いに出すことができた。

自分が認めるやり方で達成されたものとはいえませんが、合邦は完了し、いまや歴史的事実です。これは一九一八年と一九一九年の屈辱を真に償い、そしてサン・ジェルマン条約とヴェルサイユ条約を補填するものと考えます。もし私がドイツ民族の再合体というこの偉大な歴史的事実を心から祝福しないならば、私は自分の過去全体を、すなわち、諸民族の民族自決権の理論的先駆者としての過去を、ドイツオーストリアの政治家としての過去を否定しなければならないことになります[8]（ハッナク『カール・レンナーとその時代』一九六五年、六五〇ページ以下）。

レンナーのドイツ民族主義こそ、彼がナチズムに接近する理論的手段として役立った[9]。明らかにナチ体制容認の下で活字に組まれながら、出版されなかった『ドイツオーストリア共和国樹立、合邦とズデーテンドイツ人、ある権利闘争の記録』の序文（一九三八年一一月一日付け）で、レンナーはミュンヘン協定にコメントする。

ミュンヘン協定は、苦悩に満ちた歴史の一幕を閉じる。これで協定はドナウ帝国を永久に清算し、民族国家原理を中欧に貫徹する。協定は同時にヨーロッパ史の新しい一章を新しい方法で開き、別のまったく新しい諸目的のために道を拓く。その目的は、予感はされるが、まだ確証されていない（レンナー『ドイツオーストリア共和国樹立』序文)。

さらにレンナーは同日付の後書で述べる。

西欧大国の四頭制［英・仏・独・伊］は、国際連盟に代わって行動した。この事実が新しい世界政治展開の出発点かも知れない。いや、おそらくその通りだろう。サン・ジェルマン講和の失策と、ミュンヘン協定によるその匡正との悲劇的犠牲は、このたびはチェコ人である。彼らが償う罪も、自分たちの罪はほんの一部であり、はるかに多くは他人のものである（レンナー『ドイツオーストリア共和国樹立』後書)。

社会民主党員であり、オーストリアの「社会愛国主義者」(Sozialpatriot) であるレンナーは、ドイツ民族を求めてヒトラーによる恐喝政策の賛美者になった。その際、彼は自分の首尾一貫性、まさにドイツ民族主義の一貫性を引き合いに出すことができた。

一九四五年に事情はすっかり変った。一九三八年に書かれた序文と後書は忘却されねばならなかった。第二共和国で作成された公式及び半ば公式の文献目録に、これらが顔を出すことはなかった。[17] ドイツ民族主義の継続性は忘れ去られた。それは、もはや適切ではなかった。レンナーは再びスイスを誓約同盟として呼び出した。しかし、今回は旧いオーストリアのためではなく、二度目に樹立された新しいオーストリアのためだった。彼はその頂点に暫定首相として、後に連邦大統領として君臨した。

私たちは独立を望みます。私たちの目的は、独立維持をおいて他にありません。平和裡に尽力する、国連の一加盟国として、誰の敵でもなく、隣人すべての良き友であり、ヨーロッパの中心に位置する第二のスイスを目指します[10]（レンナー『演説集』、七四ページ）。

さらにレンナーは、民族問題への明解な答えもまた見出していた。一九四七年一月一九日の『ウィーン新聞』に掲載された論攷で、オーストリア・ネーション[11]なる理論を展開して見せた。

オーストリア人は、その起源とともに文化的・人間的個性によっても、ドイツ言語共同体の他のメンバーとは区分され、直近のヨーロッパ政治の変容、とりわけナチの罪により、一つの固有の運命共同体となった（レンナー『演説集』、六四ページ所収）。

ここでもまた、レンナーはスイスとの類似を繰り出した。「新」レンナーは自分の一九四六年の立場を、オーストリア九五〇周年によせた演説［一九四六年一〇月二一日］で次のように要約した。

私たちのフォルク（unser Volk）は際立った個性、他のあらゆるフォルクと異なる個性を持っています。私たちは自分たちが独立のネーションである、と適切に宣言することができ、また、そのように要求します。言語共同体が私たちとドイツのドイツ人とを結びつけることは、妨げとはなり得ません。この言語共同体は、スイスのドイツ人がスイスのネーションに所属すると宣言する妨げにはなりません（レンナー『演説集』、五五ページ）。

このような発言は、レンナーの一九一四年以前の、また一九三八年以前の発言や刊行物のどこにも見当たらない。第一次世界大戦におけるオーストリアの「社会愛国主義者」もまた、ドイツ人としてのアイデンティティに疑いを抱いていなかったことは明らかである。断絶は一九三八年と一九四五年のあいだに起きた。事実、一九四五年及びその直後の国内外の枠組条件の下で、ドイツ民族主義が一貫して生き続けることは、首相・連邦大統領であるレンナーの政治的実践にとって致命的な障碍だった。別言すれば、もしレンナーが民族問題で一貫性を保持して、それを引き続き強調していたら、彼は首相にならなかったろうし、連邦大統領にならなかったろう。したがって、彼は一九四五年とそれ以降、民族問題に対しては別の、彼にはまったく新しい回答を与えることができたし、与えねばならなかった。彼は自分の理論的一貫性にできるかぎり沈黙を保つことができたし、また、そうせざるを得なかった。

レンナーにとって民族という理論問題は、最晩年にも政治的実践の手段であり道具であり続けた。遺稿の中に一九三六・三七年に記された原稿が発見された。ジャック・ハッナクが一九六四年に公刊した。『民族（Nation）、神話と現実』である。レンナーは自分の創造的休暇［ナチによるオーストリア占領中の隠棲］の年月に「カタコンベ」の中で民族問題に取り組んでいた。彼の民族という道具的概念は、神秘的でまさに「民族主義的な（nationalistisch）」民族概念とは明確に区別される。この理論的区分もあって、［民族を］いつも適切な時代精神のために、その都度、実践に役立てることは妨げられなかった。一九三八年も一九四五年も、しかりである。

三、法を問う

レンナーによる理論の道具的理解は、彼の法律の勉強と結びついて、彼の法理解にも影響せざるを得なかった。一九〇四年、当初筆名のJ・カルナーで発表された論攷「法制度、特に所有の社会的機能」は、一九二九年、レンナーにより体裁を変えて『私法制度とその社会的機能』という書名で再刊された。レンナーの著書のうち、これはおそらく直接の政治的論争の外で一番議論され注目されるものである。

レンナーはこの著作で、彼が法社会学者であることを示した。マルクス主義の強い影響を受けてはいたが、柔軟な解釈を行った。彼は改良主義者、修正主義者だったが、マルクス、エンゲルスの著作に対する、こうしたつかず離れずの関係をわざわざ口にすることはなかった。むしろ彼は、たとえばドイツの修正主義者たちと異なって、マルクスをいつも引用し、再三再四マルクスを援用した[1]。

レンナーにとっては当然のことながら、法は一つの機能であり、流動的で、社会の変容とともにその機能を変化させる。法は瑣事でも固定されたものでもなく、奉仕するものである。それは梃子であり、その裏には利害が潜んでいる。

法秩序全体のこの有機的な（organisch）性質、すなわち、個々の私法制度すべての連結関係にもかかわらず、歴史は、法秩序の絶え間ない変更、つまり法的諸制度の規範・機能の不断の変遷を、我々に教えている（レンナー『私法制度』七〇―七一ページ［加藤政男訳、三〇―三一ページ、ただし、加藤訳には若干の変更を加えている。以下同様］）。

この諸変遷の法則性は、社会の諸変化の法則性を教える。また、こうした諸変化へ介入するさまざまな可能性も教えてくれる。レンナーはここでもまた実践へ突き進む。彼の「学問」的著作も政治的実践を配慮して書かれる。

自由主義時代の国家は、経済に対する、同時にまた私法に対するあらゆる干渉を反自然法的、非理性的として斥け、自己の役割を保護者、裁判権者に限定した。前世紀の中葉以来、国家は王笏と天秤の機能しか果たさないことを止めて、監督に乗り出すようになる。新しい諸規範は、年を追ってその数を増し、国家行政者の数々の法律や命令、訓令として現れてくる（レンナー『私法制度』二〇三―二〇四ページ［加藤政男訳、一九八ページ］）。

政治は法によって遂行し得る。規範によって社会を変容させ得るし、させねばならない。レンナーはそこで決定論の問題性にも対峙する。

我々は将来の法を、過去及び現在の経験的諸事実から読み取らねばならないだけだ、というのは本当だろうか？　／　そうであるとすれば――我々にはまた、そう臆断する理由があるのだが――その時、問題はただ、新たな生成をなおも妨げる殼をたたき壊すこと、連結的諸制度と補充的諸制度を解放すること、また、それらをその現実の真の機能にしたがって、まさに直接に自由に役立てること、所有権のかつての侍女であり、また所有権を部分的に種々制限したそれら諸制度を主要制度にまで高めること、またそれら諸制度を、伝統の桎梏から、そして機能を失って自らが障碍となった所有権の桎梏から、解放することではないか。／　だが、これは、我々の考察によれば、機能の変遷によっては自動的に起こりえず、［それは］規範、新しい規範によってのみ可能である。なぜなら規範は、疑いもなく、ただ規範によってのみ破られるからである。だが、規範は、社会の自覚的な意思行為である（レンナー『私法制度』二〇四ページ［加藤政男訳、一九九―二〇〇ページ］）。

常に行動を志向するレンナーは常に政治的所与による試練にさらされて、待機主義へと誘（いざな）う決定論と、もう一方のプラグマティズムとの緊張関係に置かれる。[2]現状は社会の論理的必然の表現である。まさにその故に、レンナーは距離を置くことができない。しかしながら、まさに現状が介入へと誘うが故に、それはまた変更可能でなければならない。

政治的所与を自己の政治行動の枠組データとして見ようとするレンナーの性向は、彼の活動とその影響力に影を投げかけた。一九一四年から一九一八年の期間と、とりわけ一九三八年においてそうである。現状はその論理を持ち、優勢な規範は偶然ではない。しかし、それに対してはまた、具体的に強力に創造するように影響を及すことができる。

オーストリアの社会愛国主義者であり、そして短期ではあるが、ナチのドイツ民族主義的な広告係（Propagandist）だったレンナーはまた、この法学的・法社会学的・法歴史的なアプローチの仕方によって予示されていた。

レンナーは死去の数年前、彼の広範な未完作品の『人間と社会』で、再び法についての問いかけを取り上げた。彼の法理解の主旋律が再び明らかになる。

しかし、法が闘争であること、そして、ただ闘争においてのみ存続することが決して終息したわけではなかった。けれども、この闘争は、その手段が訴訟に限定されることで文明化され、平穏なものとなった（レンナー『人間と社会』二五一ページ）。

有効な法には常に、たとえもっとも厳しい階級支配のもとでも、人類普遍の共生を保証するすべての要素が、特定階級支配の特定の保証とともに含まれている。専制政治においてすら、親族法の規範や、異常でまったく反社会的な法的当事者（Rechtsgenossen）や暴君からの保護の規範がある。暴君はえてして狡知に惹かれ、こうした件で法的保護を水ももらさぬ厳密さで果たすのだが、実はそれによって己の恣意の領分を確保しようとするためである。……階級維持［の法］と並んで、階級に規定されない法が圧倒的多数にのぼる。実際政治は、この区分を根本的にしなければならない。新たな法を求める闘いで法がすっかり毀損されないように、そして社会がアナーキーに陥り解体しないように、細心の注意を要するからである（同二五四ページ）。

階級闘争はすべて、法をめぐる闘いであり、その目的は、新たな法が通用して、社会が新たな法的基盤の上で安定した適切な局面を迎えることである。ここで適切というのは、社会の物的諸前提が改めて根本的に変化していない、という意味である（同二五五ページ）。

理論家であり実践家であるレンナーには、その法理論の持つ機能主義的で道具主義的な傾向（Ausrichtung）が特徴的である。彼の法理論はマルクスからの引用に彩られているが（これはこれで特徴的である）、その方法は何と言っても帰納的である。レンナーが理論的に何か言う時、そしてまさに法理論的に何か述べる時も個別の経験を引き合いに出す。

新しいものへの道は、なによりも経験の道でなければならないということ、未来の国家もまた、非歴史的なものではありえないということ、そのことを社会主義のメシア期の社会主義者たちは見落としていた。その時代は、もうとっくに過ぎ去った。現代は経験に絶対の信頼をおくが、それはまた正当である。だが、社会主義者たちは、残念なことには彼らの指導的諸集団、すなわちマルクス主義者たちでさえも、法と国家の領域でこの経験を問題とすることを、法の領域でも新しい社会の素地が、古い社会の胎内でどの程度作られているかを科学的に研究し理解することを、軽んじている。ここでも新しい生命が、すでに母胎内にできあがり、ただ出生という離脱行為を待ちのぞんでいるだけだといえないだろうか（レンナー『私法制度』二〇一ページ［加藤政男訳、一九四—一九五ページ］）。

ジャック・ハッナクに言わせれば、この立場は「生粋」の改良主義である。[3] この点は議論の余地があるところではある。レンナーが用語・概念においてマルクス主義に依拠するからといって、もちろん見逃せないのは、彼が自分を、マルクス主義的社会主義をさらに発展させる者だと考え、解釈者だとは思っていなかった、という点である。だが、まさにこの立場に関わって注目されること、そして他の社会事象を扱ったレンナーの著作でその他の方法的要素と符合することは、「経験」の強調である。レンナーは自分の理論的な言説を公理として理解するのではなく、また一般的に有効な規範を定式化したものとも考えなかった。彼は詳細に観察して記述した現実を、理論的に浮かび上がらせようとする。彼は理論を帰納的に獲得する。

ここでまたしても明らかとなるのは、レンナーがまさに彼の法理論の立場において、理論を実践のために、行動のために操作する（betreiben）ことである。彼は法を、固化した（verhärtet）

政治的実践と見做す。この社会の現実に沿う法の意味・機能は、恒常的な変化の過程にしたがう、と彼は考える。法的「上部構造」と社会的「下部構造」とが緊張する場は弁証法的である、と考える。この場が、手練れの法律家、司法政治家、国会議員、宰相であるレンナーに、法の策定を通じて政治的現実を形作る可能性を付与する。

その際、法理論家であるレンナーは、実践家であるレンナーを支援して正当化する。社会の現実にそもそもすでに根付いた実践的政治的変化を引き合いに出すことは、帰納法的な思考法からして当然である。

現実の生活（das Leben）は続く。社会における自然の諸現実（Naturtatsachen）は恒常的に変化する。個々の人間には一定の時間を経てはじめて意識される変化は、法を創造すべく社会全体の意識を形成するために、かなり長い困難な道を辿らねばならない。その変化が法秩序に浸透してそれを変革し、その秩序の内で有機的な部分となるまでである。現実の生活は続く。法は諸事実の後を追う（レンナー『人間と社会』二三三ページ）。

この種の機能主義、この方法的帰納主義は人を惑わす。現実の生活は、一九三八年にもオーストリアで滞ることはなかった。こうした諸事実から「道理」Recht を導くことができた。軍事的手法で完遂されたオーストリアとドイツとの「合邦」も、しかりである。戦争の脅威に訴えて締結されたミュンヘン協定も、しかりである。二つの事実をレンナーは正当化できたし、それを合法だと宣伝して、ナチ政治体制の枠内で実践的・政治的役割を自分が引き受けるチャンスだと理解できた。

諸事実とは？　ともかくも諸事実はそうなっている。諸事実の正当化とは？　正当化は、一つの帰納的な理論、つまり、こうした諸事実から発展させられた理論によって行うことができる。

何か政治上の出来事が自分の視野に現れましても、私は、自分の従来の国家論がそれについて何を語るだろうか、というような問いを決して立てません。問うのは、事態はどんな様子か、その事態が孕む現実の悪にどう立ち向かうか、ここで政治的な善を如何に打立てるか、ということです。私が日常の具体的な観察から、そして経験から――経験は科学の基礎でなければならないのですが――善・悪を見つけ出しましたら、この善と悪を自国の国法（Staatsrecht）が包含しうるかどうかを見ます。もし包含し得ないのであれば、国法の命運は尽きたのです。現実が無くなるわけじゃないでしょう（一九二七年の［社会民主党］党大会でのカール・レンナーの発言。［ペーター・］クーレマン『オーストロ・マルクス主義を例として』一九七八年、三三ページより引用）。

法理論家のレンナーは、オーストリア法社会学の伝統、たとえばオイゲン・エールリヒ①の伝統に、そしてオーストリア法理論の伝統、たとえばハンス・ケルゼン②の伝統にまっすぐ連なると言えよう。[4] ケルゼンはレンナーと多様につながっている。彼は憲法をめぐる理論と政治について、また民主主義論についてレンナーと繰り返し論争を行った。[5] レンナーにおいては、法の社会学的な見方が彼の好みにぴったりと合っていて、政治的諸事実にまずは留意し、既成事実を土台とした実際の行動を理論的に正当化するための基礎として、先の「留意」を用いようとした。レンナーにとっては原則的理由からして、超然と構えること（Abseitsstehen）はあり得なかった。諸事実に対し原則的・根本的に反対する態度は、レンナーによればユートピア主義者のものであり、それに対して彼は軽蔑を隠さなかった。ユートピア主義者たちは彼に言わせれば、次のような者だったからである。

［彼らは］哲学ならびに法学の狂信者として、諸々の空想的な作りごとを説かねばならないと考えた。こうした人々は、まったく新しい法的諸制度が立案され、旧い諸制度が法令によって廃止され、また、かつてはまったく知られなかったものが実行にうつされる、と考えた（レンナー『私法制度』二〇一ページ［加藤政男訳、一九四ページ］）。

絶対的廃棄や絶対的反対、こうしたことはレンナーとは、そして彼の法理解、社会主義把握とはまったく無縁だった。だが、まさにこのことがまた、一九三八年のレンナー［の合邦賛成］を理解する助けとなる。

レンナーの法理解は、間違いなく「実証主義的」と言うことができる。レンナーによれば、法は政治的・社会的諸関係、とりわけ経済的諸関係を反映する。法はこうした諸関係に先行することはなく、それらに依拠する。しかし、レンナーの法実証主義は、ハンス・ケルゼンの「純粋法学」よりも「さらに政治的」である。[6] オットー・カーン＝フロイントは『私法制度とその社会的機能』[7]の英語版序文で、レンナーとケルゼンとの相違を指摘する。レンナーにとって法は定言命法、つまり政治的意図からなる。定言命法としての法は、手段（Hebel）としての法でもあり、政治的道具としての法でもある。

ケルゼンにおいて、法実証主義は徹底した二元論である。政治的現実と非政治的法は、原則として相互に無関係である。政治は価値判断であり、意図である。法は価値自由であり、故意ではない。レンナーにおいて、法は政治的随意の傾向を持つ。しかし、その意味するところは、政治と法の切り離しではなく連結であり、依存である。結局のところ、両者の相互依存である。オットー・カーン＝フロイントは次のように言う。

> レンナーは主張する。法は自然を規制できないし、人間と自然との関係を調整できない。人間の技術進歩、生産性の進展は法の前で行われるが、法を手段としては行い得ない、と。またレンナーは、法がいずれの日にか、人間の結合、グループを完全に管理しうることを認めない。ただ、彼は同時に、法が人間の活動力を強化できる、という見解である（レンナー『私法制度』三ページ）。

レンナーの法理解は結局、法社会学者のものであり、法と社会は相互に規定するもの、ということになる。「下部構造」は法の単なる結果ではなく、「上部構造」は単なる忠実な反映でもない。彼の法理論の柔軟性、道具性は、最大限に自由な行動の余地を政治家レンナーに与える。したがって、俗流マルクス主義者にありがちな見解のように、法の制定は取るに足りないものではなく、また、ユートピア主義者が想定するように、政治的に随意なものでもない。行動を志向する一人の人間にとって、どちらでもない、ということの理論ほど心地よいものはないのではなかろうか？

四、国家を問う

第一次世界大戦が勃発する少し前の一九一四年三月七日、レンナーはウィーン大学で、「法観念としての民族とインターナショナル」という演題の講演を行った。この講演で彼は、伝統的・ブルジョア的な民族国家の考えに対し、「民族の法観念」を対置した。彼の著作の第一の力点である民族問題と第二の力点である法の問題とが、ここで初めて国家理論に向けて統合された。

レンナーは、旧いオーストリアが一つの新たな民主的連邦国家をつくる前提になるかも知れない、と考える。伝統的な民族国家の考えは――それがドイツであろうと、チェコやハンガリーであろうと、はたまた、それが如何ように名付けられようと――この好機を妨げ、こうした展開の可能性の前に立ちはだかる。そこで、レンナーは憲政論的・法社会学的に論じながら、オーストリアの現状と民族思想との対立を、国家そのもののジンテーゼによって弁証法的に解消する。

民族主義の凱旋行進にもかかわらず、スイスやベルギーは静穏に存続している。オーストリアは民族主義精神の急転回にもかかわらず、これまでのところ、何とかそれを克服した。……民族共同体の相対性を理解した者だけが、次のことを理解する。それは何故に、オーストリアのような国々が、意識の面で民族的な側面が優勢になるやいなや、没落に瀕し、一方、民族間宥和（international）の側面が前面に出るやいなや、突然再び、安定した強大な権力を備えて登場しうるか、ということである（『法観念としての民族……』二二一―二二三ページ）。

オーストリアは議会閉会中に戦争勃発を迎え、開戦は事実上の軍事・官僚独裁の傾向を強めた。社会民主党の左派と、その先頭に立つフリードリヒ・アードラーとが、この柔軟性を無くしてゆくオーストリアに如何なる協力も拒んだのに対し、レンナーは、戦時下で進む社会活動の国営化（Verstaatlichung）、なかんずく経済活動の国営化を「社会主義に至る梃子」として利用する好機を見出した。

レンナーにとっての手掛かりは「オーストリアの経済圏（Ökumene）」、つまり旧い大規模な帝国の持つ一体化した経済領域だった。戦争を遂行する国家が、そこに介入して、さまざまな権限を自らに集約していく。市場経済や経済自由主義はすべて、その意義を喪失し、国家統制・管理が重要性を増す。

レンナーは、すでに開戦直前の「法観念としての民族とインターナショナル①」でテーマとしていたように、後に書籍にまとめられた一連の記事「オーストリアの更新」で、帝国の体制転換と、そのために不可欠な属人原理に基づく民族自治とに再び踏み込んだ。レンナーは開戦と事実上の独裁をしりめに、自分のオーストリアに対する建設的・批判的関係を変えることはなく、これに原則的に反対する［左派の］態度に理解を示さなかった。彼はそれによってフリードリヒ・ナウマンの中欧構想に接近しただけでなく、ドイツ社会民主党多数派の「城内平和政策」にも近づいた。[2]

オーストリア社会民主党ではレンナーと左派との理論闘争が先鋭化して、レンナーは、それが自分のマルクス主義者としての信頼性に疑問を投げかけるものだと理解した。彼は一連の記事――これは最終的に『マルクス主義と戦争、インターナショナル』にまとめられ刊行される――で反駁する。同著はレンナーにとって、そしてまた今日、レンナーという人物を理解するためにも特段の重要性を持つ。

―　レンナーはそこで、何故自分が自らの国家肯定的で「愛国主義的」（patriotisch）な立場を、結局のところマルクス主義だと理解するのか、その理由を詳細に述べる。

―　レンナーは、国家の権限が戦時下で拡大されることが、社会民主党にとって潜在的に有用である、という考えを描写する。

―　レンナーはここで論拠をすべてまとめ、自分の実践的・政治的行動や建設的実践主義、その時々の支配勢力と事実上連携・妥協する政策を繰り返し正当化する。

―　レンナーがはっきりさせるのは、オーストリアでどのみち発育不全だった政治的自由主義、経済的自由主義が、彼にとってさほど価値をもたないこと、事実上の新絶対主義国家を、社会主義に到達する道具として、まさしく梃子として利用したいと考えることだった。

一九一七年に刊行された『マルクス主義と戦争、インターナショナル』には、個人的な献辞が掲げられていた。「捕虜収容所の我が友オットー・バウアーへ、長年にわたる協働の記念と誠実な共闘の印として捧げる」。この好意は、バウアーがロシアの戦時捕虜収容所から帰還してまもなく、もはや通用しなくなる。バウアーのマルクス主義理解や国家論、政治戦略は、党内でレンナーとは対極的な立場を際立たせる。ただ、レンナーが献辞で述べた友情が、個人的な敵対関係に変質することはなかった[3]。

『マルクス主義と戦争、インターナショナル』は、レンナーの著書の中でもっとも大部で、はっきりとマルクスとその弁証法を引き合いに出している。レンナーは他のマルクス主義者たちと一線を画して、自分が方法的に帰納法を採用し演繹法を拒否する点においても、彼らより優れたマルクス主義者であると考える。

多くの者にはマルクスの体系が唯一堅固な演繹体系だと映るようだが、それは間違っている。こうした数少ない基本諸形式を保持する者はマルクス主義者であり、そのうち一つにでも抵触する者は体系を裏切る者だとされる。実は逆である。どんな個別の社会関係（たとえば企業家―労働者、商品所有者―商品、父と息子等）も、マルクスには歴史的に規定されたものであるとともに、常に歴史的な流動性の中に置かれたものとして現れる。今日は昨日とは異なり、明日は再び今日とは異なる。社会的諸関係の総体は、緊密な連関の中に置かれており、一つが他を規定し、それとともに自らも変貌する。……このことから、すべての研究の重点は、数多くの、しかし、一つひとつは人目を惹くことのない、社会関係のまさに諸構造変化に置かれねばならない。どんな変化も、それだけで特別な研究の対象とならねばならない（レンナー『マルクス主義と戦争、インターナショナル』三九ページ）。

レンナーがとりわけ注目する構造変化は、国家の課題の拡大である。すでにレンナーが自分の法理論で、私法に比して公法の意義の増大を強調していたように、彼は今や国家の経済活動の増大を、理論と戦略に大きな影響を及ぼす事実だと考える。

ブルジョアは徐々にではあるが、次のような事態を甘受せねばならないことを学んだ。すなわち国家は、私経済が悪人によって攪乱されないよう、ラサールの言葉で言えば夜警の任務を果たすだけでなく、時々、規制を加え命令・介入して、こちらで予防、あちらで保護し、こちらで抑制、あちらで奨励することである。……資本家の伝統的な、骨までしみこんだ反国家感情が戦争中に再び蘇った。だが、社会主義者は相変らず、国家を資本家階級の執行委員会だと考えて、国家に何らかの社会的機能を委譲することに異議を唱えている。……よくあるように、社会的意識は社会的現実に遅れを取る。完全に自由な競争をくぐり抜ける個人の私的企業家の時代は、我々が考えるよりも遙か昔に過ぎ去った。我々はたとえば、次に述べるような国有化の多数の事実を持ち出そうとは思わない。それらは、国家をただ私的所有者にしただけで、社会構造には何の変化ももたらさず、あるいは僅かの変化しかもたらさなかった。重要なのは、私的経済そのものに、その細胞組織に至るまで国家性（Staatlichkeit）を貫くことである。つまり幾つかの企業を国有化するのではなく、私的経済全体に望ましく意識的な使命と指揮部門を付与し、まさにカール・マルクスの体系では論理的・実践的に排除されていたものを備えることである。これを「経済への国家性貫徹」（Durchstaatlichung der Ökonomie）と呼んで、この造語で［国有化との］混同を避けるようにしよう。こうしたことが実現して規模が拡大すればはっきりすることは、その結果として起きることが、マルクスによっては根拠付けられないし、また否定されることもないということである。というのは、これが明らかにマルクスの思想体系からは隔たっているからである（レンナー『マルクス主義と戦争、インターナショナル』一〇―一三ページ）。

レンナーは方法的にマルクスを引き合いに出しながら、マルクスを超えていく。つまりマルクスを拠り所にして「経済の国家化」（Verstaatlichung der Ökonomie）――とりわけ戦争に規定された、国家による経済・社会への影響力の恒常的拡大――を支持する。

国家は、一歩一歩、社会・福祉国家となることで、社会のもっとも進歩した部分となる。

経済は、もっぱら資本家階級にますます奉仕し、国家は、主としてプロレタリアートにますます奉仕する。……ブルジョア国家は自己を保持しようとして、社会組織（疾病金庫等）と社会管理を拡大・深化させる。つまりブルジョアの手の内にあって階級支配に奉仕する道具を、ますます社会的内容で満たさねばならない。歴史上、初めてではないが、道具がその持ち手の意を越えて発展するということが起きた。……国家は社会主義への梃子になるであろうし、マルクスの学説から明々白々なのは、資本主義から社会主義への歴史的転換は、この道具が一人の持ち手から別の持ち手に移るという形で行われるに違いない、ということである。マルクスは、国家の否定とはまったく縁遠い存在だった。国家に対する軽侮や国家への理由もない畏怖、今日、俗流マルクス主義がもてあそぶ国家ニヒリズムからは遙かに隔たっていた。……我々は概念ではなく、事実によって生きようではないか。労働者は次のことを要求する。国家は八時間労働日を定めねばならない。職場で物作りをする者を守らねばならない。疾病や事故に対して保護を提供しなければならない。母親たちを保護し、乳児たちの世話を引き受け、子供たちの健康を維持し、若者たちを教育しなければならない。国家は老齢者を貧困と災いから守らねばならない。国民教育に意を用いねばならない。学問と芸術を大衆の手に届けねばならない。国家は農業を振興し、大衆に食糧が不足しないようにしなければならない。国家は生産の無秩序を解消したり、危機を克服したりしなければならない！　国家はそのようにせねばならない！　これはプロレタリアートによる政治及び実践の要諦であり、常に立ち返るべき要求である！　国家を措いて、誰がこれを成し遂げられようか？（レンナー『マルクス主義と戦争、インターナショナル』二七―二九ページ）

ここまではこれで良い。レンナーは、まとめて言えば、マルクスに依拠したポストマルクス主義の改良主義者・修正主義者である。社会・福祉国家と、そのプロレタリアートにとっての有用性という、差し当たり非常に説得的な理論を構築する。レンナーのこうした方向性を持つ行動は、［大戦中の］一九一七年において偶然ではないし、中欧諸国が仕掛けた最後の猛攻を背景にすれば偶然ではない。また、オーストリア＝ハンガリーの支配勢力が、自らの社会的権力基盤を拡大して戦争を勝利のうちに終えようとする試みの枠内において偶然ではない。

レンナーは一九一六年末から国の「食糧管理庁」の理事［の一人］だったが、社会愛国主義者の評判を取る。彼の名は、新しい広範な連立政権の一員として取りざたされる。これは一九一七年六月のことだった。[4] 彼がフリードリヒ・アードラーと党左派にとって決定的な敵対者となるのは、この社会愛国主義のためであり、また支配勢力にとってレンナーが持つ潜在的な連携の役割のためだった。さらにレンナーはまた自己の理論活動において、意識的か無意識的かはともかく、自己の改良主義的・修正主義的理論の持つ権力政治的な（machtpolitisch）側面を露わにする。彼は「社会技術（soziale Technik）としての国家と法」と題する章の冒頭で注を一つ挿入する。

素朴な形式民主主義者は誤認して、フランスや英国の法制度（Rechtsgestaltung）が発展の先駆だと考えた。だが、社会的世界観に照らせば、そうではない。ドイツの法制度と較べて反動的である。ここでもまた、フランス革命の誤った伝説が判断を曇らせた。もっぱら政治を志向する同志たちは、現在の政治的国家秩序を永続的な社会秩序と較べて過大に評価することで、時にまったく誤っている(レンナー『マルクス主義と戦争、インターナショナル』五四ページ)。

これが出版されたのは一九一七年である。趣旨は明瞭だろう。英・仏・米の政治体制が持つ労働運動にも重要な特徴、すなわち、憲法と憲法の現実に示される、疑問の余地のない、より高次の民主主義の内実は、レンナーによって「素朴な形式民主主義」(naiver Demokratismus)として片付けられる。英国とフランスが、発達した議会体制を保持するのに対し、ドイツとオーストリア＝ハンガリーの議会がお飾りの機能しか有していないことはレンナーにとって瑣末であり、「ドイツの法制度」は、この「素朴な形式民主主義」よりも優れている、と。

連携の相手を捜し求めていたオーストリアの軍事・官僚独裁の目にレンナーが適ったのは偶然ではない。党内のレンナー批判者たちがこの種の理論形成を、媚びを売るものとして理解した、あるいは理解せざるを得なかったのは偶然ではない。

レンナーの国家主義は結局のところ価値判断を伴わないことが、ここで明らかになる。レンナーは福祉国家・予防国家(Fürsorge- und Vorsorgestaat)を、それが政治的民主主義なしに発展しても支持する。福祉国家・予防国家——すでにビスマルクがラサールと交渉して樹立しようとした——のこうした民主主義の欠如に対する批判は、レンナーにとってまったく「反動的」である。「ブルジョア」民主主義をないがしろにする、としてレンナーを批判するマルクス主義者たちは、レンナーにとって「俗流マルクス主義者」に他ならない。レンナーはある別の脚注に記す。

自分が言語道断だと思うのは、俗流マルクス主義者たちが我々のこの自由概念（フリードリヒ・エンゲルスの概念――アントーン・ペリンカ注）を今日、再びブルジョア革命主義の個人の自由という規範で置き換えようとすることである。許しがたい後退である（レンナー『マルクス主義と戦争、インターナショナル』五七ページ）。

レンナーは、その理論の持つあらゆる秀逸さにもかかわらず、そしてマルクスを独特のやり方で引き合いに出すにもかかわらず、結局のところ中欧諸国の広報係として行動する。この行動は、彼のオーストリア的な「社会愛国主義」にもかかわらず、ドイツ民族主義という第二のアクセントを伴っているのが特徴である。

経済的に見てドイツが今日、最新の国家であり模範国家であることは疑いなく、英国もフランスもそうではない。自由主義的な見方は、この点で大きな過ちを犯している（レンナー『マルクス主義と戦争、インターナショナル』一〇四ページ）。

同書に付した簡明で本音を吐露した脚注の一つで、レンナーは上記の文章を補足する。

政治的に見れば、少し異なった姿が浮かぶが、それは我が国の「自由主義者たち」が見たつもりになっている姿では決してない。ドイツはとうの昔に、フランスのブルジョア共和国よりも民主主義的になった（レンナー『マルクス主義と戦争、インターナショナル』一〇四ページ）。

レンナーは、まさに彼の方法的導入部（methodischer Zugang）で重要となる社会的な枠組みデータとの関連で筆を進める。つまり戦争を遂行する諸国家と諸政府の利害、ならびに社会支配層の利害を引き合いに出す。オーストリア＝ハンガリーの政治体制の正当化と、さらにあからさまな、ドイツの政治体制の正当化は、まさに宣伝の性格を持つ。ちょうどそれから二〇年と少し後、レンナーが行ったミュンヘン協定の「科学的」分析が同じ性格を持つように。

ここでレンナーの実証主義の問題性がはっきりする。彼の一九一七年の国家論で疑問の余地がなくなるのは――彼の法理論では具体的・政治的に捉えられることはなく、ただ、理論的に示唆されただけであるが――社会民主党を中欧諸国の政治体制に統合する立場に立ち、社会民主党がオーストリア＝ハンガリーの支配的利害と、そしてとりわけドイツの支配的利害と一体化することに加担することである。

国家と法は、社会の技術的手段である。国家学・法学は、社会技術の学問である（レンナー『マルクス主義と戦争、インターナショナル』五八ページ）。

レンナーは社会技術の学を、オーストリア史の歴史的転換点で用いる。彼は自分を売り込み取り入ろうとする。レンナーは『マルクス主義と戦争、インターナショナル』の序文の日付を一九一七年五月二八日としている。場所はストックホルムである。彼は社会主義諸政党の討議に参加したが、オーストリア当局の同意がなかったはずがない。[5②] 一九一七年六月二二日、『労働者新聞』はレンナーの声明を発表する。自分は「オーストリア国民新秩序」内閣の組閣に参加することを断る、と。これと同時期の一九一七年初夏、レンナーは「ブルジョア」サークル――たとえば工業経営者のユーリウス・マインルのような、妥協による和平に関心を示す人々――との接触を密にする。一九一七年七月、社会民主党は連立政権参加の申し出に直面する。今回、この申し出はレンナー個人を名指していなかったものの、政府と社会民主党が真っ先に思い浮かべたのは間違いなくレンナーだった。[6]

そこで一九一七年一〇月の社会民主党大会は、カール・レンナーを攻撃する党大会になった。ガブリエーレ・プロフトからレンナーに「大臣病」(Ministerialismus) という非難が浴びせられる。党右派の代表者の一人、アブラムはレンナーを擁護して、間接的に反ユダヤの論拠を用いる。レンナーがユダヤ人でないからこそ、左派の攻撃を受けるのだ、と。[7]大臣病、国家との癒着、愛国主義という非難に対し、レンナーは強く抗議する。彼がそこで用いた議論は、自著『マルクス主義と戦争、インターナショナル』で展開したものだった。

政治権力の掌握です！　これによって国家を資本権力から解放します。我々は国家の他に共同体を持ちません。したがって、国家は存在しなければなりませんし、必要な手段をもたねばなりません（引用はハッナク『カール・レンナーとその時代』、二九二ページより）。

一九一八年秋、旧いオーストリアは崩壊する。オットー・バウアー等が陶酔して「革命」と呼んだ出来事である。[8]レンナーは党内で孤立していたが、「大臣病」の疑いをかけられた者として、暫定政府を率いるのにうってつけの候補者だった。旧い国家は死に、新たな国家がレンナーを呼ぶ。レンナーには行動の用意があった。彼が時の人であるのは、まさに必定だった。一〇月三一日、レンナーは国家官房の指揮を引き受ける。暫定でしかないと了解された共和国の暫定首班となった。

五、民主主義を問う

「オーストリア革命」は、レンナーを政治動向の真只中に押し出した。「修正主義」の社会民主主義者は、第一次世界大戦の最終段階で幅広い新たな連立政権の連立パートナー候補として繰り返し名前が挙がっていたが、今や予備役から政治の前面に躍り出た。

彼は今やっと、全面的に政治を司る者になることができた。国会議員のレンナーは暫定首相として政府首班となり、ほぼ二年間この地位に留まった。内政面では「社会的パートナーシップ」に向けて最初の舵取りを行った。これは一九一八年から一九二〇年にかけて大連立によって推進されて、レンナーの個性を表していた。[1] また外交面でも影響力を行使した。サン・ジェルマンの国家条約［講和条約］にはレンナーが、残り物として新たに生まれた小国オーストリアの代表として署名し、政治責任を引き受けた。

けれども、レンナーは共和国でも最初から理論家として活動した。一九一八年一〇月末の日々、帝国がもはや事実上存在せず、共和国も公式には未だ存在しなかった時、レンナーは暫定国民議会の委託を受けて新憲法の国家機構を規定する条項の草案を練った。[2] 同憲法①は一九一八年一〇月三一日に発効する。これは急進的な議会政府（Versammulungsregierung）を定めた憲法で、一七九三年のジャコバン憲法に倣っていた。[3] 政府としての国家評議会は、議会、つまり国民議会の執行委員会に他ならなかった。レンナーは国家官房の長であり、それによって政府の長でもあった。一九一八年一一月一二日の法②は共和国を樹立して暫定憲法を具体化したが、これはレンナーが自ら筆を取り起草したものだった。[4]

政府と憲法制定との結合、行政行為と立法行為との結合、直接行動と理論的省察との結合は、レンナーの本来の気質（Grundtemperament）に合致していた。憲政に関しまとめた自分の理論的省察とともに、レンナーは時流の真只中にいた。一九一八年秋に成文化された急進的な議会主義の憲法は、その頃の革命的な心情、革命的な修辞法を表していた。「修正主義者」レンナーが革命家として登場した。

サン・ジェルマンのオーストリア［講和］代表団団長として、レンナーはこの革命的修辞法を次のような言葉で駆使した。

> ですが、こうしたあらゆる苦境の中にあっても、我が人民は自己抑制、忍耐、洞察を驚異的なまでに示しました。自分たちの革命を血で汚しませんでした。国土の五分の二を占領した近隣諸国に対しても、この［講和］会議に信頼を寄せて自らは軍事的抵抗を放棄しました。我が人民はヨーロッパの

真ん中で、平和的・有機的な社会発展の支柱として留まりました（引用は、ハッナク『カール・レンナーとその時代』一九六五年、三七八ページより）。

旧体制の崩壊――一つの革命！　皇帝の大臣であり得たかも知れないレンナーが革命の指導者！　だが、サン・ジェルマンでは中庸の人として登場し、（ドイツ）オーストリアの「革命的」人民が持つ中庸を訴え、自らを理性の人として戦勝諸国に示した。オットー・バウアーは、合邦禁止に抗議して外務大臣を辞任した。レンナーは自ら外務省を所管し、自分の合邦云々の発言にもかかわらず、合邦禁止を（少なくとも当面）変更不能な事実として受け容れる用意があった。[5]彼はもちろん、合邦の訴えを放棄することはなく、それは一九三八年、彼のドイツ民族主義の一貫性を強調するために役立つはずだった。

レンナーは統治を重視し、自覚が政治責任を負うことを高く評価した。彼が率いる暫定政府の下で、後に第二共和国でオーストリアの「政府社会主義」として確立されることになるものが開始された。社会民主主義の基本テーゼでは、政権参加そのものが価値を有し、政権から排除されることは、原則に触れる戦略的な欠陥だった。[6]

そこでレンナーは、全身全霊で統治を行うだけではなかった。一九一八年の最初の暫定憲法に留まらず、永続性を謳って審議・成文化された憲法である一九二〇年一〇月一日の連邦憲法にもまた、自らの影響力を行使した。連邦憲法はハンス・ケルゼンにより、レンナーが予め表明した留意点にしたがって練り上げられた。この留意点はもっぱら、連邦制という特徴と議会制共和国の国家形態に集中していた。こうしてレンナーが枠組条件を定め、この範囲内でケルゼンが憲法の「編集者」として、憲法論の法学者として力を発揮した。これらの留意点を超えない範囲で社会民主党とキリスト教社会党の妥協も成立し、一九二〇年、憲政上の合意が可能となった。[7]ケルゼンとレンナーとの間にはこの時期、方法的に接近した関係ができあがった。[8]ジャック・ハッナクは次のように評価する。

何故レンナーがこの抽象化の名人（ケルゼンのこと、アントーン・ペリンカ注）をそこまで気に入ったのかは謎である。レンナー自身の法思想はケルゼン理論とまったく一致せず、レンナーは形式論理そのものにまったく興味を示さなかった。だが、レンナーがケルゼンに惹かれたのは、「夾雑物を取り除く方法」であり、その方法は「純粋法学説」を、有無を言わせず完成させていた。……夾雑物を除去してできる空隙では、その都度変化する諸関係と諸状況に合わせて、法の創造を思想的に新たに遂行することが繰り返し可能だった（ハッナク『カール・レンナーとその時代』一九六五年、四〇九ページ）。

ケルゼン法思想の政治的任意性はまた、行動の準備ができている理論家レンナーを惹きつけた。法実証主義は、政治的に行動する者にいかなる限界も設定しない。レンナーは憲法上の規準、あるいはその他、法をめぐる政治上の規準に自分が政治的に拘束される、とは考えなかった。

ケルゼンはレンナーの思考、特に彼の国家論を評註した。『マルクス主義と戦争、インターナショナル』との関連で、ケルゼンは一九二三年に記した。

特徴的なことは、彼［レンナー］がマルクスやエンゲルスの「国家は階級支配の道具である」という国家観をブルジョア階級意識による一面的な見解だとしたことである。……これらすべての主張は全く正しいかも知れないが、ここで彼がマルクスを援用するのは正しくない。……むしろ反対のことが証明されるのではあるまいか。彼が「社会主義的国家論・法理論の不可欠性」を唱えるのは全く正しいかも知れないが、その彼の主張がすべて「マルクスの主張と全く一致している」ことを証明しようとしているのは、見込みのない努力であろう（ケルゼン『社会主義と国家』第三版　一九六五年、一〇五ページ［長尾龍一訳、一〇七―一〇八ページ］）。

マルクス主義者ではないケルゼンは、レンナーの修正主義的な側面を評価していた模様で、そうしたレンナーと、マルクス主義の祖を言葉の上でだけ引き合いに出して党内の是認を得ようとするレンナーとを区分していた。この点をどのように考えるかはともかく、ケルゼンとレンナーは共和国憲法に、つまりブルジョア共和国憲法に主たる責任を負っていた。レンナーは一九一七年、フランスを念頭に軽蔑気味にブルジョア共和国に言及していた。何故なら、それが民主主義の質の点でドイツ帝国に劣ると考えたからである。

レンナーが大きな連帯責任を負った連邦憲法は、レンナーの「梃子の思想」に該当する国家機能の決定的な拡大を保証できなかった。憲法は社会民主党とキリスト教社会党との妥協にならざるを得なかった。社会的基本権をも含めた新たな一連の幅広い諸基本権を実現する代わりに、一八六七年［憲法］の基本権・自由権を継承しただけに終った。レンナーは憲政上の活動により、「ブルジョア」民主主義・議会主義共和国の憲法誕生に共同責任を負った。いずれにしても、彼の修正主義的社会主義の考えは、同憲法の中には見受けられない。

レンナーが一九一七年、煽動的な調子を込めて述べた「ブルジョア共和国」という規定は、彼が民主主義というテーマに比較的無関心だったことを窺わせる。一九一四年の遙か以前にレンナーは、国家改造の実現という明白な意図を持って、憲法をテーマに出版していた。レンナーが法と国家そのものに関しては数多くの著作をものしたにもかかわらず、民主主義理論は彼にとってむしろ縁遠かった。ケルゼンもまた、自分の法理論の著作と並んで重要な民主主義理論をめぐる著作で、オットー・バウアーやマックス・アードラーと論争したものの、レンナーとはほとんど論争しなかった。レンナーの民主主義理論について言えば、少なくともこの時点で論争に価するものは何もなかった。[9]

レンナーは一九二〇年、自発的にではなく、むしろ状況に強いられて政権を離れ、野党社会民主党の一議員に過ぎなくなった時、協同組合というテーマに取り組んだ。すでに一九一一年、彼は消費共同組合団体の長であり[10]、一九二二年には新たに設立された労働者銀行の社長になった[11]。政府の実務から解放されて、レンナーは今や民主主義というテーマに取り組む自分なりの方途を見出した。国家理論家であるレンナーが民主主義にたどり着いたのは、国家の側からではなく、経済を介してだった。

暫定政府時代に主としてレンナーが責任を担って始まった社会的パートナーシップは、彼の意図をすでに明らかにしていた。団体に組織された労働と資本の利害を取り込んだ経済の「国家化」(Verstaatlichung) は、レンナーの見解にうまく適い、また戦争直後の現実政治の可能性にも沿うものだった。

一九二〇年から一九三三年にかけてレンナーが公にした出版物には、とりわけ経済、特に協同組合を題材にした数多くの論攷、冊子が含まれる[12]。ただこの時期、ドイツ社会民主党で「経済民主主義」の考えが、将来の民主主義の発展という構想に対する独創的な貢献として形成されつつあったが、レンナーにとって民主主義は相変らず道具であり、さほど独自の価値と目的を有するものではなかった[13]。この点で彼の考えは、オーストロ・マルクス主義において優勢な民主主義の理解——民主主義は「方途」であり、社会主義こそが目的であると見做す——と全面的に一致していた。この手段と目的との二元論、民主主義と社会主義の二元論は、レンナーによって疑問に付されることはなかった。彼がまさにこの点でオーストロ・マルクス主義者に留まったことに疑問の余地はない。

確かにレンナーは「形式民主主義の長所と恵みを軽々しく放棄して、被支配者にとって独裁の階級的内実が、この欠落の代償となることを当てにする」つもりはなかった。[14] その限りにおいて、レーニンの猛烈なレンナー攻撃はもっともだった。「シャイデマン、エーバト、アウスタリツ、レンナーら全員」に対する一九一八年末の攻撃で、レーニンはドイツやオーストリアの社会民主党内で支配的な路線に立つ者たちを、特にレンナーも含めて、「形式」民主主義の際限ない過大評価の故に非難しなければならない、と考えた。

集会・出版の自由を例に取ってみよう。シャイデマン・カウツキー一味、アウスタリツ・レンナー一味は労働者に保証する。ドイツやオーストリアの現在の国会選挙は「民主的に」行われている、と。それは嘘である。現実には資本家や搾取者、大土地所有者、闇商人が、集会に最適な建物の十分の九を所有し、紙の在庫、印刷所等の十分の九を手中にしている。都市の労働者、農村の隷農、日雇い労働者は……現実には民主主義から排除されている。「民主主義」（ブルジョア民主主義）のドイツ共和国における現在の「集会・出版の自由」は真っ赤な嘘である。というのは、それが現実に意味するのは、富める者が新聞を買収し堕落させる自由、富める者がブルジョア新聞の嘘という安酒で人民を酔わせる自由、富者が壮大な屋敷、最良の建築物等を「自分たちの財産」としてしっかり掌握する自由だからである。……シャイデマン・カウツキー一味、アウスタリツ・レンナー一味は、このことを自分自身と労働者とに隠して、プロレタリアートの利益を裏切り、決定的な瞬間に階級闘争の立場、ブルジョアジーへの隷属の打破の立場から、プロレタリアートとブルジョアジーとの間で駆け引きを行う立場、「社会和平」、搾取者と被搾取者との和解を図る立場へ移行する③（レーニン『著作集』［旧DDR版］二八巻、三七四―三七八ページ）。

レーニンは明らかに正しかった。レンナーの民主主義論の立場は、第一共和国でも、そしてまさに第一共和国で、連邦憲法の民主主義論の立場とまったく異なるところがなかった。レーニンにしたがえば、レンナーの立場は間違いなく「ブルジョア的」だった。しかし、レーニンが「社会和平」と呼んでいたもの、そしてオットー・バウアーが「階級諸力間の均衡」と名付けたもの[15]④が、この時期のレンナーにとって重要だった。つまり、協同組合を構築し、労働組合と同盟して、「公的」な諸機関、たとえば労働者・職員会議所を利用しながら社会を変革する、という考え方だった。社会主義に向かうのではなく、社会民主党に対して保証された、もはや剥奪されることのない共同決定権の方向だった。所有諸関係の根本的変革ではなく、決定をめぐる諸関係の変更の方向だった。

レンナーにおいては「民主主義が最初であり最後である」と考えるノルベルト・レーザーも、自分の解釈の根拠となる引用を引き出したのは、基本的にレンナーの一九四五年以降の著作だった。[16] レンナーは晩年になって初めて「自由主義」的な（liberal）基本理解、たとえば人権についての理解を深めた。第二共和国の大統領だったこの時期、国連［の基準］と一致して、人権を自己の理論の中心に押し出した。[17]

レンナーはその未完の社会学の著作『人間と社会』の中で、全部で一六六ある項目の一つである「民主主義」を、「国家」の章に含まれる「専制と自治」という節の下に置いていた。レンナーにとってその活動の最後の局面でも、民主主義は国家の組織形態の一つであり、自分が賛同するとはいえ、一つのあり得る形態にすぎなかった。[18]

民主主義は国家に役立つ。つまり結局のところ、レンナーが民主主義を検討するのは、いつも秩序の観点、国家統合（Verfasstheit des Staates）の観点からでしかなかった。独創的な、少なくとも問題を提起する（provokant）法理論家、国家理論家であるレンナーは、民主主義の理論家としてはまったく言及に価しない。このことは、実践家であるレンナーが政府や野党［の社会民主党］に、また協同組合や党組織に深く関与したにもかかわらず変らない。憲法制定時のケルゼンの同行者［レンナー］は、民主主義理論の観点からは抑制的であった。全般的にレンナーと遜色ないケルゼンが、法理論の他に独創的な民主主義論も著したのに対し、[19] レンナーは民主主義論に関して、結局のところ無関心だった。

「ブルジョア共和国」フランスに対する政治色を帯びた一九一七年の論争の狙いは、中欧諸国のプロパガンダを支援するためだったが、論争は［レンナーの］理論史もまた反映している。「ブルジョア共和国」が、民主主義と議会主義の思いつく限りの規準に照らして、憲政上後進の中欧諸国よりも優れていることは、ドイツ民族主義者であり、オーストリア「愛国主義者」であるレンナーを煩わすことにはならない。民主主義と議会主義のこうした諸規準がレンナーにとって重要でないならば、レンナーは煩わされない。こうした諸規準は、民主主義論がレンナーにとっていつまでも重要でないならば、特段の意味をもたないままである。

六、受動あるいは日和見主義と国内亡命

一九二七年七月事件①の印象がさめやらぬまま、レンナーは一九二七年の社会民主党大会で、連立が戦略的な道具である、という基本思想を再度擁護していた。

……もし我々が五一（%、アントーン・ペリンカ注）を持つとしても、政府内に村を必要とし、連立しなければなりません。……連立は階級闘争の闘争場を移すだけです。まさに議会が、階級闘争のほぼ一〇〇%を路上から立法府に移し、そこで血を流さずに行う機能を持っているように、連立は階級闘争そのものを、議会の新たな多数派にもよりますが、省庁の会議室に移します（引用、ハッナク『カール・レンナーとその時代』一九六五年、四九五—四九六ページ）。

第一共和国終焉の局面でレンナーは再び野党所属の予備役から抜け出し、「理の当然」のことながら、ブルジョア・ブロックの支配勢力と対話を行う相手になった。ところが彼は、一九三一

年にイグナーツ・ザイペルが言い出した連立の申し出に反対を表明した。[1] その上、国民議会が排除された時②、彼は相対的多数会派の代表者が就任する国民議会議長であると同時に、日々の政治で党が立てる戦術を体現する存在でもあった。[2] だが、一九三三年三月四日［の議会排除］以降、誰の目にも明らかにドルフース政府がむき出しの独裁を確立しようとした時、レンナーは「最悪の事態を阻止する」ために調停を試みた。

レンナーは理論的に仲介を行う。一九三三年一〇月に開催された［社会民主党］党大会の後、憲法に関わる法案を一つ作成した。これは広範な権限を政府に付与しようとするものだった。[3]③ 一九三四年二月［の内乱で］、レンナーが逮捕され、尋問に際して引き合いに出したのは、独裁に進もうとする政府へのこうした前向き（konstruktiv）な姿勢だった。[4]

アンソン・ラビーンバッハが「ニーダーエスタライヒ人④の勝利」と呼ぶ[5]この譲歩を、レンナーは「急進派」に対して一線を画すものだと明瞭に説明した。彼は一九三四年二月一八日の尋問で、「これ［政府に対する譲歩］が、逆に急進派に対する勝利にならない」のであれば、自分の「国会議席」を返上するだろう、とまで語った。[6] レンナーが権威主義的職能身分代表制国家の警察に向かって、一線を画すと語った「急進派」とは、ドルフース政府のメンバーでもなければ、公然とファシズムを標榜する護国団の勢力でもなかった。一九三四年二月のレンナーにとって「急進派」とは、社会民主党、自由労働組合、共和国防衛同盟による武装抵抗に責任を負うと彼が考える者たちだった。急進派に対し一線を画した後に続いた発言は、いかにも一九三四年二月から一九四五年三月に至る間のレンナーらしいものだった。「でも、私は決めました。グログニッツに帰ることにしました」[7]。

警察の尋問記録でさらに注意を惹くのは、レンナーが自分と自分の党をオーストリアとドイツの合邦に反対する者として、その立場を明瞭にしたことだった。

オーストリア社会民主党は、国の独立を断固支持する者であり、共に闘う用意があります。党の綱領から合邦条項を削除しただけでなく、ドナウ［地域］の問題に対し具体的で積極的な態度を表明しました（レンナー、尋問記録、一九三四年）。

それから四年と少し経って、上記の陳述は覆される。レンナーは持続性という点で、二つ引き合いに出すことができた。一つは一九三四年二月、権威主義的職能身分代表制国家に対して述べた、自分のオーストリア社会愛国主義の持続であり、もう一つは一九三八年四月、ナチ体制に向かって言明した自分のドイツ民族主義の持続である。

レンナーは一九三四年五月に保釈され、グログニッツに隠棲した。彼は社会民主党を何らかの形で存続させようとするあらゆる組織——たとえば［モラヴィアの］ブルノに置かれたオーストリア社会民主党の外国代表部や［国内の］革命的社会主義者たち——から全面的に遠ざかった[8]。残された活動は、ウィーンのカフェで開かれる定期的な集まりだけだった。ここでレンナーが顔を合せたのは「ニーダーエスタライヒ人たち」、つまりヘルマー、シュナイトマードルのような右派の良く知られた代表者たちや、その他、レンナーと同じように非合法活動を行わない社会民主党員たちだった。後者にはダネベルクやシェルフが含まれる。

レンナーは［抵抗運動に］参加せず、背後に退いていた。一九三七年夏、彼はシュシュニク政府の許可を得て国際社会政策大会（パリ）に出かけた。これを利用してフリードリヒ・アードラー――彼は社会主義労働者インターナショナルの書記としてブリュッセルに暮らしていた――と僅かに接触した。一九一七年にレンナーを社会民主党の頽廃そのものだと述べたアードラーは、一九三七年七月二五日、レンナーのパリ宿舎宛に書簡を送る。

はっきり申上げます。私が最初に思ったのは……「来られるのが遅すぎる、だが、来られた」でした。……お会いする機会を貴方が与えてくださるまで三年半が経ちました。この経験は痛恨の極みです。我々は二度も同じ街に滞在していましたから、なおさらのことです。貴方と同じように危険にさらされた同志たちは、恐ろしく込み入って、おまけに危険な旅を敢行してでも、私とできる限り速やかに接触を図ろうとしました。……我々には貴方に感謝すべき十分な理由がある、と私は思います。貴方は拘置所でまったく堂々と、そして毅然と振る舞われました。残念ながら、これは以前の指導者全員に言えることではありません。ですが、私には貴方に言わずに済ませられないことがあります。それは、貴方がその後隠棲なさったことが、どのような印象を引き起こさざるを得なかったか、ということです（引用、ハッナク『カール・レンナーとその時代』一九六五年、六一九―六二一ページ）。

レンナーには、アードラーがまたしても自分を誤解している、と感じられた。そこでアードラーに宛てて書く。

> 非合法［活動］は不可避であり、それが現在有用でないとしても必要です。ですが、四〇年にわたって合法の分野で齢を重ねた者たちには、それはできません。自分に向かない活動には距離を置きます（引用、ハッナク『カール・レンナーとその時代』一九六五年、六二二ページ）。

一九三七年のパリ滞在中、レンナーはフランスの政治家たちとも会った。彼はナチのオーストリアへの浸透を重視し、ドナウ連合の形成を話題にした。これが「唯一、可能な解決策」[10]だ、と。

それから九か月近く経っても、レンナーはこのドナウ連合について何も耳にしなかった。もう聞きたいとも思わなかった。『新ウィーン日報』紙とのインタヴュー（一九三八年四月三日）で彼は次のように述べる。

> ドナウ地域政策構想は（アントーン・ペリンカ注、一九一九年の）講和条約締結後、さまざまに論

議されました。それはオーストリアの経済に新しい展望を拓き、関税が通関を閉ざした、息詰まるような窮屈な状態に出口を開くことで、経済的な特典の見返りにドイツ民族としての一体性を放棄しやすくするものでした。追い詰められた者は、どのような方策であれ、撥ね付けるわけにはいきません。経済的に歪み、外交的にも無力なオーストリアは、そうした諸提案を熱心に追いかけました。ほぼ二〇年にわたり、この構想は弄ばれただけで、実現に向けてほんの一歩たりとも前進しませんでした。最後には愚かで拙速な復古的措置により、構想を馬鹿げたものにしてしまいました。そこで、ドナウ地域政策にもっとも熱心な支持者も、この代替策に背を向けざるを得なかったのです（引用、ハッナク『カール・レンナーとその時代』一九六五年、六五一ページ）。

レンナーが「ドナウ地域政策」を肯定的に考えたことと、同政策を明確に否定したこととの間に、さほど長い時間が経過したわけではなかった。だが、「合邦」はその間に完了していた。大多数のオーストリア人が大歓声を挙げる中で、オーストリアはドイツに軍事占領された。レンナーは一九三七年夏にはまだ、社会主義労働者インターナショナルやフランスで［上記政策を］話題にしようとしていたが、いまや新しい支配者の側に立った。

『新ウィーン日報』紙とのインタヴューは、ナチの肝いりで実現したのではなく、レンナーの骨折りで実現した。レンナーはナチのウィーン市長ノイバッハーとの面会を実現しようと試みていて、［実現した会談の場で］社会民主党におけるドイツ民族主義の継続と、かつて彼が率いた暫定政権の合邦努力とを引き合いに出し、ナチが操作する間近に迫った「国民投票」のために一つ声明を発表する由の申し出を行った。[11] このまったくの自発性を、レンナーは少し後に英国の『ワールド・レヴュー』誌とのインタヴューで追認した。[12]

カトリックの司教たちが同じく自発的に出した声明と並んで、レンナーがナチの［合邦］「賛成」スローガンを支持（Einsatz）したことは、おそらくナチがその努力によって挙げた大々的な成果だったろう。だがその成果は、レンナー自身がナチに提供したものでもあった。一九三八年四月三日の『新ウィーン日報』紙に掲載されたインタヴューで、レンナーは語る。

私はドイツオーストリアの初代首相として一九一八年一一月一二日、国民議会で次のような提議を行い、ほぼ全会一致の採択にこぎつけました。「ドイツオーストリアは、ドイツ共和国の一部である」。私はサン・ジェルマンへ派遣された講和代表団の団長として、何か月にもわたり合邦のために奮闘しました。国土の窮状と、敵国による国境地帯の占領のため、国民議会も私自身も屈辱的な講和条約と、それに付加された合邦禁止とを受け容れざるを得ませんでした。しかしながら、私は一九一九年以来、数えきれない著作の中で、また各地で催された数多くの集会で闘いを続け、合邦を訴え続けました。自分が認めるやり方で達成されたものとは言えませんが、合邦は完了し、いまや歴史的事実です。これは一九一八年と一九一九年の屈辱を真に償い、そしてサン・ジェルマン条約とヴェルサイユ条約を補填すると考えます。もし私がドイツ民族（Nation）の再合体というこの偉大な歴史的事実を心から祝福しなければ、私は自分の過去全体を、すなわち、諸民族の自決権の理論的先駆者としての過去を、そしてドイツオーストリアの政治家としての過去を否定しなければならないことになります（引用、ハッナク『カール・レンナーとその時代』一九六五年、六五〇―六五一ページ）。

ドナウ連合構想に距離を置いて、レンナーは自分の説明を終える。

社会民主主義者として、それとともに諸民族の自決権の擁護者として、ドイツオーストリア共和国の初代首相として、先のサン・ジェルマン講和代表団団長として、私は［合邦］賛成票を投じます（引用、ハッナク『カール・レンナーとその時代』一九六五年、六五二ページ）。

レンナーは社会民主主義者として語り、革命的社会主義者たちが表明した立場に反対した。革命的社会主義者たちは、まだ一九三八年三月一一日にはシュシュニクのスローガンを肯定的に受け止め、ナチが推し進める合邦に反対を表明していた。[13] レンナー自身、革命的社会主義者たちのこの立場を、つい一九三四年二月には職能身分代表制国家の警察による尋問に際して取っていた。ここでは次のような想定が、間違いなく両者［革命的社会主義者たちとレンナーと］に共通していた。権威主義的職能身分代表制国家は、より小さな災いであり、ナチ・ドイツとの「合邦」は、考え得る限り最悪である、というものだった。こうした想定によって、一九三四年二月のレンナーと一九三八年三月の革命的社会主義者たちとはつながっていた。だが、一九三八年四月には、レンナーはそこから遙かに遠ざかる。確かに、革命的社会主義者たちがシュシュニクの条件付き支持を打ち出した一九三八年三月一〇日と、レンナーがナチの占領を正当化した一九三八年四月三日との間には既成事実が横たわっている。レンナーはこの既成事実の上に立ち、それを正当化する用意があった。忘れられたのは、より小さな災いという考えであり、忘却されたのは、オーストリアの社会愛国主義やドナウ連合の考えだった。レンナーは唯一、持続する自分のドイツ民族主義だけを、つまり合邦の無条件賛成だけを引き出した。

オットー・バウアーもまた亡命の中で「合邦」を受け容れる用意があった。だが、彼はレンナーと違って、それを「全ドイツ革命」の前提だと見た。そこで彼はレンナーを厳しく批判した。レンナーがナチの宣伝を手助けしたからである。[14⑤]

レンナーは職能身分代表制国家の拘置所を、身をもって体験しなければならなかった。だが、他の社会民主主義者たちが（それには「穏健」なアードルフ・シェルフも含まれる）一九三八年三月に逮捕されたり、著名な社会民主主義者たちが、たとえば一九四四年六月二〇日以降［正しくは、同年七月二〇日のヒトラー暗殺未遂以降］のカール・ザイツのように、繰り返し逮捕されたり、さらには、たとえばローベルト・ダネベルクやケーテ・ライヒターのような社会民主主義者たちが強制収容所に収容され、いたぶり殺されたりしたのとは対照的に、レンナーがナチの警察に煩わされることはなかった。ジャック・ハッナクはレンナーのこの七年［一九三八年―一九四五年」を「カタコンベ」の年月と名付けた。[15] この表現は誤解を招く。というのは、レンナーが迫害を恐れて身を隠す必要などなかったからである。彼の滞在の場所、行動、移動は逐一、警察に筒抜けだった。彼は外の世界に対して受け身で反応した。

ただ、彼は当初まだ、重要な行動への意思を表明していた。それは『ドイツオーストリア共和国樹立と合邦、ズデーテンドイツ人　権利のための闘いの記録　ドクター・カール・レンナー編集、序文、解説』と題する資料の出版である。[16]

レンナーは偶然にテーマを選んだわけではなかった。それはオーストリア占領後の一九三八年夏と秋にヨーロッパ政治、国際政治の焦眉のテーマだった。一九三八年一一月一日の日付の入った序文でレンナーは、次のような賞賛の言葉を捧げた。

上梓のための作業は終り、印刷に廻された。それは、数週間が劇的に経過する中、ドイツ指導部の他に類を見ない粘り強さと行動力が、英国政府の持つ、視野の広い国家の叡智と結びつき、フランスの犠牲を厭わない克己と、チェコスロヴァキアの英雄的な自己犠牲とのもと、仲介するイタリアの支援を得て、戦争とそれに伴う犠牲もなく、一夜にしてズデーテンドイツ問題が完全に解決を見た時だった（レンナー『樹立』序文）。

「他に類を見ない粘り強さと行動力」という賞賛は、アードルフ・ヒトラーのことを言っており、「視野の広い国家の叡智」という賞賛は、ネヴィル・チェインバリンに向けられていた。いずれにしてもレンナーがこの著作で、「視野の広い国家の叡智」を持ち合わせなかったかも知れないが、おそらく「粘り強さと行動力」にものを言わせていたことは、活字には組まれながらも印刷されることのなかったこの著書の後書きの結語からも明らかとなる。

今回もまた国際連盟は行動しなかった。今回もまた国際連盟も、共同行動する戦勝諸国も主導権を握らなかった。ただ今回、戦勝国の一国、すなわち英国が断固として修正の道を歩み、進んでフランスを従わせた。これによってのみ、ミュンヘン協定が戦争を伴わずに償いを行い、血の犠牲を払わずに新秩序を創りだした。西洋大国の三頭政治が国際連盟に代わって行動した。非常にありそうなこと、たぶん間違いないことは、新しい世界政治の展開がもたらされるだろう、ということである（レンナー『樹立』、後書き）。

司教たちによる［ナチへの］適応政策よりも、レンナーの適応政策は長く続けられ、それだけでも、先の著述の印刷をナチの「大ドイツ」で可能にするのに十分な長さだった。ただ、実際の印刷と配布は、その時見送られた。[17] したがって著作は長い間埋もれていて、彼の名を汚さずにすみ、一九四五年に彼が果たした役割を可能にした。レンナーが諸手を挙げてヒトラーやチェインバリン、ダラディエ、ムッソリーニを賞賛したこと、ならびに「ミュンヘン精神」をまったく無批判に是認したことは、一九四五年以降、当初、オーストリア共産党に所属するか、あるいは党に近い著作家たちが問題にしただけだった。[18] その後徐々に［共産党による社会党の］党派攻撃の枠を越えて、レンナーの当該の著作は、より幅広い一般の人々による論議の的となった。ゲーラルト・シュトウルツは、カール・レンナーに関するあるシンポジウムで、一九三八年一一月の冊子を材料にレンナーの全人格を解明しようとした。

……レンナーは決して端役に甘んずることのない人物だった。[19]

いつも出番がなければならなかったレンナーにとって、グログニッツの七年は、時々ウィーン訪問で中断されたけれども、［ナチに］大目に見られたとは言え、レンナーの主観に即して言えば、本当に「カタコンベ」だった。というのは、ズデーテン問題で著述を行ってから彼は用なしとなり、もはや呼び出されることもなく、広報係として、あるいは他のやり方でナチに売り込むこともできなかったからである。彼は端役に甘んじなければならなかった。それは彼の好み、気質に反し、彼の人となりにそぐわないものだった。

レンナーの娘はオーストリア人と結婚していた。彼はニュルンベルク人種法の用語で言う「ユダヤ人」で、このハンス・ドイチュは一九三八年、手遅れにならないうちに逃れることができた。だが、レンナーの娘は父親のもとに留まった。レンナーは彼の「宥和」・適応・柔軟政策においても、決して反ユダヤ主義の立場を取るほどナチに接近しなかった。彼は必要とされなかった。だが、オーストリアのさまざまな抵抗グループへの参加も申し出なかった。彼は政治舞台の役者としては不在だった。代わりに彼は書いた。グログニッツで『人間と社会』を書き始めた。そして、いつでも行動できる態勢を保持していた。再び自分が必要とされ、もはや端役に甘んじなくてもよい歴史の段階のためだった。

歴史のこの段階が始まった。一九四五年三月末、ソ連軍がオーストリア国境を越え、ドイツ軍と戦闘しながらオーストリアの領土を一歩一歩解放していった時である。

七、国父

まだ一九四五年の夏のうちに記した『オーストリア独立宣言覚書』でレンナーは、ソ連軍のオーストリアへの進攻を、解放としてではなく「占領」として描いた。[1] グログニッツ占領は復活祭の日曜日、つまり一九四五年四月一日に行われた。二日後の四月三日、レンナーは「住民の保護を求め、住民全員の状態が落ち着いていることを説明すべく、どこか近隣の司令所を……訪れる」ことを決意した。[2] 自分の仲介の過程でレンナーはソ連軍の将校と言葉を交わした。彼は説明する。「住民の大多数は合邦思想を嫌悪して背を向けており、その渇望するものは、独立したオーストリア共和国再興の他にない[3]」。レンナーは赤軍[①]［ソ連軍］に対し、この独立成就に協力することを申し出た。

ヒトラーが併合した共和国の、自由に選出された最後の国会議長の職責の故に、共和国のために発言する権利が自分に与えられている、と考えた。さらに私は、オーストリア国民が次のことを思い起こしてくれることを望んだ。一九一八年から一九二〇年にかけて、新たに樹立された共和国の初代首相として、また当時、サン・ジェルマンのオーストリア講和代表団団長として、私がすでに一度国を戦争から救い出し、平和に導いたことを。私の当時の業績により、私には次のように想定する資格がある、と考えた。ファシズムが破壊した国家、その憲法と行政を、指導的立場に立って復興する能力が今回もまた私にはある、と信じることが許されよう、と（レンナー『覚書』九ページ）。

レンナーは赤軍と密接に協力して、オーストリアとオーストリア人に宛てた全部で八通の呼びかけを作成した。[4] 彼は四月一五日、「モスクワのスターリン元帥閣下」宛てに一通の書簡を認めたが、このことを『覚書』で言及することはなかった。

この手紙は、一方ではレンナーの個性、特に彼が政治をどう理解していたかを示唆するところが極めて多いが、他方、多くの疑問点を残している。

親愛なる同志へ

拝啓

運動の初期のころ、私は数多くのロシアの前衛と親密な個人的関係を結びましたが、同志である貴殿を個人的に知る機会はこれまでありませんでした。レーニンとは、一九一七年のストックホルム社会主義平和会議で出会いました。トロツキーとは、彼がウィーン滞在中、何年にもわたって恒常的に行き来しました。リャザーノフとは、ウィーンの『労働者新聞』社で一緒に働きました。……（引用は、ハッナク『カール・レンナーとその時代』一九六五年、六七二―六七三ページより）

「親愛なる同志」スターリンに宛てた書簡で、自分がレーニン及びリャザーノフ（歴史家でマルクスの伝記作者）と知り合いであることを引き合いに出しただけでなく、トロツキーとも知り合いだったことに言及した。レンナーは知っていたに違いない。トロツキーがソ連で一貫して体制の最大の敵であると見做されていたこと、トロツキーとのどのような親密な関係も（たとえそれが過去のものであっても）命に関わるものだったこと、スターリンの党内最大の敵と個人的な知り合いであることを引き合いに出すことは、ためにならないだろうことを、である。それにもかかわらず、レンナーはトロツキーを引き合いに出した。純朴だったのか、それとも狡猾だったのか？［書簡は続く］

赤軍は、私の住まうグログニッツ（ヴィーナー・ノイシュタットの隣）に進行した時、私と家族に出会いました。そこでは私は、党友たちとともに赤軍を信頼しながら、その進駐を待っておりました。所属の司令官たちは、私をすぐさま丁重に保護し、完全な行動の自由を再び取り戻してくれました。これは一九三四年以来、ドルフースとヒトラーのファシズム支配の下で奪われたままで、私はつらい思いをさせられました。私は自由の回復について、赤軍とその名誉に輝く最高司令官である貴殿に個人的に、またオーストリアの労働者階級の名において、伏して心より御礼申し上げます。

偶然ですが、私が国にとどまって最初に再び行動の自由を得た社会民主党幹部だということです。幸いな事情を挙げれば、私は、かつてまだ自由に選出された国民議会の最後の議長として、自分がオーストリア人を代表して発言する資格があると表明できることです。有利な点をさらに挙げるならば、私はオーストリア共和国の初代首相として国家設立の方式と行政の整備に通じており、したがって、オーストリア再生の事業に取り掛かり、軌道に乗せうると確信することです。……

まさか、我々に手を差し伸べずに零落させるというのが、戦勝国の意図するところではないでしょう。しかしながら、西側諸国は一九一九年の例が示すように、我が国の事情をほとんど知りません。我が国の自立の前提を確保するのに十分な興味を示すこともありません。……

ロシアの驚異的な勢力拡大により、オーストリア人は皆、ナチの二〇年に及ぶ宣伝の嘘をきちんと見抜いております。また、ソ連が成し遂げた圧倒的な成果に驚嘆しております。オーストリア労働者階級のソヴィエト共和国に対する信頼は留まるところを知りません。オーストリア社会民主党は、共産党とは兄弟党として切磋琢磨し、共和国の新たな建設にあたって対等に協働してまいります。国の将来が社会主義であることは間違いなく、わざわざ強調するまでもございません。

敬具

Dr.カール・レンナー

（引用は、ハッナク『カール・レンナーとその時代』、六七三―六七五ページより）

スターリンがどう反応したか、それについて直接の資料は存在しない。レンナーはスターリンにとって、当然のことながら未知の人物ではなかった。一九一二年から一三年の年の変り目にスターリンはウィーンに滞在して[②]『マルクス主義と民族問題』［当初発表のタイトルは「民族問題と社会民主党」］を執筆した。これは、ボリシェヴィキ民族政策の理論的基礎となる著作である。その中でスターリンは、バウアーだけでなく「シュプリンガー」も論難していた。シュプリンガーの筆名の背後には、この間に議員の不逮捕特権を得たカール・レンナーがいることは、当時一般に知られていた。[5]スターリンは、バウアーとレンナーが旧いオーストリア国家の不可侵性を民族自決よりも重く見る、と非難していた。そしてレンナーの立場を、一八九九年のブリュン［ブルノ］党大会で決議されたオーストリア社会民主党の民族綱領と直接に結びつけていた。スターリンは当然、レーニンがとりわけ一九一八年以降、繰り返しレンナーを論難していたことも知っていた。スターリンはおそらく、レンナーが一九三八年に『新ウィーン日報』紙で行ったインタヴューもまた知っていたことだろう。スターリンにとってレンナーは右派の代表者であり、スターリンの目には「社会ファシスト」と命名された社会民主主義者のうち、特に日和見主義的な路線を代表する者と映ったに違いない。それでも一九四五年五月一二日、つまりオーストリア独立宣言が出されてからほぼ二週間後、スターリンの返書がレンナーに手渡された。「オーストリア首相閣下　カール・レンナー殿」と宛名書きされていた。

親愛なる同志である貴殿に、四月一五日付け貴書簡の御礼を申上げます。オーストリアの独立、統一、繁栄をめぐる貴殿のご憂慮は、私のものでもあることを確信なさってください。オーストリアに必要と思われるあらゆる援助を、可能な限り貴殿にお届けするつもりでおります。私の返書が遅れましたことをお詫び申し上げます。スターリン（引用は、ハッナク『カール・レンナーとその時代』、六七五ページより）

このスターリンの返書が必要だったわけではない。赤軍はすでにそれ以前に、もちろんソ連外交政策の基本方針に則り、レンナーを「反ファシズム政党」三党からなる連立政府の暫定首相として受け容れていた。三党とは（新規結党の）オーストリア社会党、（同じく新規結党の）オーストリア国民党、そしてオーストリア共産党である。

首相としてのレンナーは、自分が超党派の存在であることを承知していた。そこで彼は、新たに結成された社会党の指導をアードルフ・シェルフに委ねた。シェルフは誰よりもオスカル・ヘルマーと密接に協力して、党に内実と方向性を付与していった。その際、いまだ強いられた亡命生活を送る、あるいは強制収容所から帰還する、旧社会民主党あるいは革命的社会主義者たちに所属した指導的活動家たちを常に配慮したわけではなかった。[6]

レンナーは自分を、諸政党を越えた統合力そのものだと見做した。けれども、彼が率いた暫定政府は当初、何よりも外交上の承認問題を抱えていた。西側占領諸国は、自分たちが関与しないうちにソ連当局によって支援されたレンナー政府をいささか不信の目で見ていた。レンナーもまた、スターリン宛書簡に記したように、反西側のトーンをソ連に仄めかしていた。レンナーは西側諸国、特に英国労働党からは長い間、ソ連の政策の単なる表看板、操り人形だと見られていた。いずれにしても、レンナーは一九四五年にはすでに七五歳で、しかも西側政府にも知られた合邦賛成表明によって信用を落としていて、弱みを抱えた圧力をかけやすい人物と見られていた。レンナー政府は［オーストリア］西部諸州の代表者であるカール・グルーバーを迎えて拡大され、それとともに、制約のない自由な国民議会選挙［実施］に合意が見られたことで、一九四五年一〇月二〇日、西側三連合国によっても承認された。[7]

レンナーは［超党派の立場から］実際すでに一九四五年夏、共産党と二つの非共産主義政党との間で争われた問題を調停していた。振り返ってみると、彼は共産党に相対的に好意的な立場を取っていた。彼は旧キリスト教社会党所属の元財務大臣コルマンに宛てた書簡（一九四五年四月一七日）の中で、一九二〇年の連邦憲法を、その後行われた修正を一切考慮せず共和国の法的基礎とすることに、はっきりと賛意を表明していた。[8③] それはまさに共産党が、国民党と社会党に対抗して実現しようとした見解と一致していた。だが、国民党と社会党は速やかに合意して、一九二九年の修正憲法を採用すること、それによって憲法上、大統領権限を優先して純粋議会主義を抑制することとした。また、ニーダーエスタライヒの油田開発のためにオーストリア・ソ連合弁会社を設立しようというソ連の提案もまた、レンナーは社会党、国民党よりも好意的に受け止めた。シェルフは、このソ連の攻勢にもともと同意する用意のあったレンナーに反対して、自分こそがオーストリア政府の拒否を貫いたのだ、と主張した。[9]

レンナーは首相として、内政、外交両面で宥和を目指して行動しようとした。彼の活動は、いずれにしても共産党の同意とソ連占領当局の賛同も得た。エルンスト・フィッシャー――彼は共産党によって暫定政府の教育相に指名され、国民党、社会党、共産党が創刊した日刊紙『新オーストリア』の主筆だった――は、カール・レンナーの七五歳の誕生日を祝う論説の中で、共産主義者に大変好意的だったレンナーを賞賛した。

> この人物の驚異的な生命力、尽きることのない活動力と生の横溢を祝おう……。粘り強さと奥深い聡明さ、味わい深いユーモアを持った農民であり、組織力、進歩的な心情、活動の不撓不屈と有能さを備えた労働者であり、新機軸に富み、鋭敏な頭脳を持ち、移り気とも思わせる敏捷性を備えた知識人。それがレンナーであり、あらゆるものが一緒になった本物のオーストリア人である……（フィッシャー『幻想の終り』一九七三年、七三―七四ページ）。

ソ連及び「オーストリア」共産党に対するレンナーの慇懃な態度に潜む戦術と戦略は何だったろうか？　何を確信していたのだろうか？　何に適応し、何を窺っていたのだろうか？

［オーストリア］社会党と英国労働党及び労働党政府との間に特別のつながりを打立てようと試みたヴァルター・ヴォーダクは、一九四五年一〇月三一日の書簡でレンナーに対し、西側、特に英国当局の持っているある種の危惧と留保に注意を促した。ヴォーダクは、なかんずく次のように記した。

選挙との関連で、今後とも次のような危険が指摘されるのではないでしょうか。それは国の幾つかの地域で選挙が、場合によっては圧力の下で実施されるのではないか、ひょっとして選挙の国際監視が提起されるのではないか、ということです（ヴォーダク『東西間の外交』一九七六年、一八二―一八三ページ）。

英国の留保と判断に鑑みて、ここで言及された「圧力」は、ソ連による圧力としか理解できない。レンナーは一九四五年一一月一日付けのヴォーダク宛返書でこの見方に踏み込んだ。

選挙への介入に関して、貴方の見解はまったく正しいでしょう。間違っているのは、選挙演説に何らかの検閲が加わったり、集会が制限されたりする、ということです。我が国の選挙は、これまでいつも洗練されたものでした。したがって、法外なことは恐れなくても良いでしょう。占領軍は表には出ないに違いありません（ヴォーダク『東西間の外交』一九七六年、一八五ページ）。

レンナーは、特段の根拠もなく楽観的なままだった。ヴォーダクによるその他の薦めや彼の覚える危惧に対しても、レンナーは丁寧に応えたけれども深入りせず、反ソ連あるいは反共産主義の批判を一つとして取り上げなかった。レンナーはクレメント・アトゥリとアーネスト・ベヴィン宛の書簡で、ヴォーダクを社会党の情報通の特別連絡員として紹介したが、政府の手の者ではないとした。[10]

レンナーの何の保証もない楽観は、一九四五年一一月二五日に行われた国民議会選挙の結果が証明したように思われた。共産党の得票率は僅か五%で、同党にとっては単なる失望の域を遙かに越える結果だった。共産党は選挙戦の間、レンナーを批判したり、一九三八年の彼の歴史的役割に言及したり、あるいはまた、「右派」のレンナーが、社会党と共産党の密接な協働を妨げる人物だと位置づけたりするようなことはしなかった。[11] レンナーはここでも諸政党の上に立っていた。政党間の争いの外側にいた。こうして一九四五年一二月二〇日、国民議会両院総会が全会一致で、レンナーをオーストリア共和国大統領に選出したのは当然の結果に過ぎなかった。

レンナーは活発に行動する大統領だった。多くのものを出版し、それはオーストリアの過去に関するものも含んでいた。だが、その過去との取り組みは、彼自身の過去の重要な点を外していた。レンナー没後の一九五三年に刊行された著作『第一共和国から第二共和国へのオーストリア』では、自分のインタヴュー（一九三八年四月三日）の全文を引用した。[12] しかし、「ナチの」

宣伝に資する、この発言を自ら進んで行った正当化のために、レンナーは次のような理由を述べた。

いずれにしても、その光輝を賞賛された帝国［ナチ・ドイツ］の正体を、オーストリア労働者自身が悟るまで待つ必要があった。そうして初めて労働者は、密かな［反ナチの］宣伝に喜んで耳を傾けることができるだろうし、ナチの嘘八百に目覚めた大衆は、団結して闘争を開始するだろう、と期待された（レンナー『オーストリア』二〇三ページ）。

一九四五年以降になってレンナーが、一九三八年における自分の態度の動機として挙げた「大衆の」覚醒は、オーストリアが占領されたこの年に急速に起きた。

真のオーストリア人の心を匡正するのに三か月で十分だった。彼らの判断を明晰にするためにも、それ以上の長い時間を必要としなかった。じきに国民がこぞって見抜いたのは、［彼らの］救援と解放が本来の目的ではなく、それは軍備のための手段だったこと、鉱山開発や製鉄所建設、工業生産全般の増強は、決してオーストリアの繁栄に資するものではなく、ドイツの軍備をもっとも効率的に補完するもの……だったことである（レンナー『オーストリア』二〇八ページ）。

レンナーが何を黙っていたかと言えば、彼には三か月で足りず、進駐があってから、つまりオーストリアがドイツに占領されてから六か月以上経っても、ナチの軍事的脅迫政策の成果であるミュンヘン協定を、まったく無批判に賞賛する用意があったこと、しかも、賞賛が度を過ごしていたことである。レンナー自身の基準にしたがえば、彼は「真のオーストリア人」ではなかったのだろうか？

レンナーによるナチズムの考察は、その後も妙に非歴史的なままであった。レンナーは大統領として一九四六年二月、オーストリアのユダヤ共同体について講演した折、次のように発言した。

政府に何かできるかも知れませんが、ユダヤ共同体は二度と回復しないでしょう。ハープスブルク支配の下、自由な営業がオーストリア＝ハンガリー帝国全土で行われていました時、同共同体は繁栄しました……。今やこれはすっかり失われました。一九四五年は、旧オーストリア＝ハンガリー帝国の最終的で完全な終焉です。それとともに、ユダヤ人の商売の基礎も消滅しました。……たとえ、そうした余地があるとしても……オーストリアは現今の世論にしたがえば、ユダヤ人にもう一度その家族独占を構築することを許さないと思います。もちろん、我々は次のことを許さないでしょう。つまり新しいユダヤ人共同体が東欧からやって来て、ここで足場を固める一方、我が国民が仕事を必要とする、という事態です（引用は、ナイト『私は賛成だ……』一九八八年、六〇―六一ページより）。

レンナーの著作のどれを取っても、オーストリアにおける反ユダヤ主義の分析は何も見当たらない。この欠落は、まさに一九四五年以降に書かれ公刊された著作で注目される。一九四六年二月の彼の発言は、おそらくその典型だろう。オーストリアは「もう一度ユダヤ人に、その家族独占を構築することを許さない」と。アウシュヴィッツが解放されて一二か月と少し経ってから、もっとも、レンナーが赤軍の将校たちのもとを訪れてから一〇か月も経たないうちに、さらには、彼が起草・署名したオーストリア共和国の独立宣言から一〇か月もしない一九四六年二月に、彼がホロコーストの経験に直面しながら、わずかに思いついたのは、ユダヤ人にもう一度その家族独占を構築することを許さないだろう、という「世論」が「我が国」にある、ということだった！

すでに一九四五年八月二九日の閣議で、レンナーは「ナチ問題」について重大な発言を行っていた。

ナチ問題の取り扱いで、我々は重大な事態に立ち至っている、と思われます。そこで、次のように申上げるからと言って、自分が正しい、と主張するつもりはありませんが、事態はこういうことだろうと思います。つまりこうした小役人、こうした小市民、商売人たちはみな、当時ナチに与するに当たって、特別に深い目論みなどなかったのではないか、**せいぜいのところ、ユダヤ人にちょっかいを**

出してやろう（強調、アントーン・ペリンカ）といったつもりだったのではないか……（引用は、ナイト『私は賛成だ……』一九八八年、一一四ページより）。

ここでレンナーは、無意識のうちに、そして婉曲に自分を擁護したのではないだろうか？　彼は、自分自身を擁護するために「雑魚」のナチに対して寛大な処置を求めたのではないだろうか？　だが、こうした「小物」のオーストリア人たちは皆、「ユダヤ人」に対して深い目論みを持っていた、というのが「真相」ではないか！

カール・レンナーは、大統領として相変らず行動的だった。彼は演説し、記事を書いた。それらは繰り返し、日々の問題への具体的な所信表明でもあった。[13]それにもかかわらず、彼は政党間の争いに距離を置くことを心得ていた。もちろん内輪で非公式に党内の議論に参加していた。彼は、共産党が使嗾した一九五〇年九月末から一〇月初旬にかけてのゼネストが挫折した直後、アードルフ・シェルフに宛てて書いている。

貴君はこの非常に難しい時期に、不朽の貢献をしましたね。それを誇りにしても良いですよ。良く組織されて自由を愛し、真の社会主義思想に満たされた大衆の指導者として、残虐な暴力と暴政による攻勢に良く耐えたことを（引用は、ハッナク『カール・レンナーとその時代』一九六五年、七〇〇ページより）。

カール・レンナーが亡くなったのは、彼が満八〇歳を迎え、祝賀を受けて暫くした一九五〇年一二月三一日だった。事前に録音されていた年替わりのラジオ演説で彼は述べていた。

戦勝国はその声明で自らに、オーストリア共和国に自由を再び与える義務を負いました。その際、占領地の諸機関に対して具体的な課題を設定しました。とりわけ非ナチ化、国内の秩序と安寧という課題です。我々に委託されたこうした課題はすでに達成されたことを、誰も打ち消すことができません（引用は、ハッナク『カール・レンナーとその時代』一九六五年、七〇四ページより）。

レンナーは周知のように、その死に至るまで繰り返し、過去に終止符を打つことを主張し、解放・占領した諸国に国家条約を求めた。だが、レンナー自身は、自分の数多くの著作でナチズムのオーストリア的根源（österreichische Wurzel）を分析することを繰り返し埒外に置いていた。レンナーという国父、二度の共和国樹立者、新生オーストリアに強い影響力を持った統合の人物は、ここでは自分の国の代表者だった。その国とは、一般的な伝統は喜んで想起するけれども、その具体的な歴史的重要性（Geschichtlichkeit）、とくに一九三八年の歴史的重要性には、いつも及び腰でしか顔を向けない国である。

八、レンナー　社会民主主義者の一つの類型

アレクサンダー・シュヴァンは、彼が批判するマルクス主義、特にマルクス・レーニン主義を、彼の著書のタイトルにもなっている「実践の下女」と名付けた。シュヴァンはカール・マルクスを批判して言う。マルクスが同時代のブルジョア資本主義社会を批判するに当たって、理論を「決定的な蝶番」、つまり「最優先の目的である革命的実践を理論的に準備し、その必然性を証明するための決定的な蝶番」だとした、と。[1] ここでマルクスとマルクス主義に対して異議がとなえられる。マルクス主義理論に予め備わった党派性は、結局、その科学的価値を損なっている、と。さらに批判は続く。マルクスは何を証明し、何を裏付けたいのか、知っている。そこで彼は経験的証拠の一部を選択的に集める。結局、マルクス主義は、マルクスのイデオロギー批判と脱イデオロギー化テーゼにもかかわらず、それ自身がイデオロギーであり、一定の利害と目的を正当化するために任意に操作される上部構造に過ぎない、と。

ノルベルト・レーザーは、カウツキー[①]理論に社会主義理論の化石化、決定論への硬直化を見

て、その決定論が結局、政治的「待機主義」についての責任の一半を負う、と言う。カウツキーと、彼が代表する伝統、つまり自己をマルクス主義だと了解する社会民主主義の伝統は、政治の具体的な諸展開を、歴史に支配された（geschichtsmächtig）諸過程であり、それは客観的に進行して、政治的に決定的な修正を加えることはできない、と解釈する。レーザーにとってこのカウツキー分析の裏付けとなるのは、一九三三年のドイツ社会民主党と一九三四年のオーストリア社会民主党の没落に関する自らの見解である。

カウツキーは敗北を、最初から確定した事実のように受け止めた。彼が確信していたのは、反革命の時代には、すべての骨折りは無駄に終らざるを得ない、ということだった（レーザー『マルクス主義のオデュッセイアー』一九七一年、二〇一ページ）。

この種の社会民主主義理論を非難して言われるのは、その時々に過ぎゆくもの、その時々に存在するものが、必然性の鉄則の表現として受け止められ、結局のところ、あらゆる創造の意欲が政治から奪われる、ということである。

シュヴァンやレーザーがマルクスとともにカウツキーを非難するのは、その理論の分析的空虚さ（analytische Leere）だったが、これは基本的に、様相は異なるもののレンナーにも当てはまる。レンナー理論はマルクスやレーニンと対照的に、原則として、しかも首尾一貫して帰納的であるが、実践家のレンナーは、その理論を繰り返し利用して、具体的な政治的諸措置が適正であるとし、具体的な政治行動の正当化を行う。カウツキーには受動気味の傍観を正当化する傾向があるのに対し、レンナーは眼前の状況の下で採用される具体的な行動を、理論的、マルクス主義的に正当化する傾向を常に持っていた。

シュヴァンのようなマルクス批判、レーザーのようなカウツキー批判にしたがえば、レンナーを他のふたりの社会主義理論家に結びつけるのは、何よりも理論の道具的性格である。上述の批判によれば、マルクスにおいて社会主義理論は初めから、すでに決まったある歴史的経過の根拠付けを目的としている。カウツキーでは、理論は現状を必然的で変更不能のものとして評価するための知的遊戯になっている。レンナーにおいて理論は、政治行動へ、政治的計算へ常に誘うものである。つまり費用対効果分析の作成、より小さな悪という視点からの行動、行動を始める準備への誘いとなっている。

レンナーが［一九世紀から二〇世紀への］世紀転換点で民族理論を著した時、この理論は、旧オーストリアにおける社会民主党の建設的反対派の役割を基礎づけるのに役立った。レンナーが自分の法理論を展開した時、それによって彼が基礎づけたのは、法と立法政策（Rechtspolitik）が眼前の政治状況の反映に違いないこと、他方、両者は、そうした政治状況の僕（しもべ）に他ならないことだった。レンナーが理論的に国家と取り組んだ時、彼が強調したのは、国家における行動と国家の特定の諸機能・役割の掌握とが、その時々の行動を導く利益と矛盾しないようにすることだった。

民族理論家としてのレンナーは、常にそれぞれの時代とともにあった。一九一八年以前には大オーストリア主義とドイツ民族主義を同時に志向し、それによって自分と自分の党に課した建設的反対派の役回りを支援した。彼の理論のドイツ民族主義的要素はいつも、それが実際の政治情勢において有利と思われれば、前面に立ち現れた。一九一八年・一九年、そしてもう一度一九三八年のことである。具体的な有効性をもたなければ、後景に退いた。それはサン・ジェルマン［条約調印］の後のことであり、特に一九四五年以降のことである。こうした歴史的発展のどの段階でも、レンナーが時代の流れに逆らって泳いだことはなく、孤立したこともない。彼はいつも、政治的、軍事的、社会的に最強の勢力が存在するところに理論的に定位していた。

これを彼に容易にしたのは、彼の機能的・道具的法理論と並んで、彼の無条件の国家主義である。後者は国家を、社会的対決の決定的な場であると説いた。こうしてレンナーは、時代の理論的な潮流に沿うようにも振る舞った。実践家としてのレンナーはまた常に、その時々の優勢な時代精神が勧めると思われる場にいて、それが勧めるままに影響力を行使したいと考えた。

レンナーは、その性格からしてレジスタンスの人ではない。誰に抵抗すべきか、についても無関心である。彼はその本質からして、常に行動に備える者だった。このレンナーに彼の理論が常に伴走していて、理論は一方では、あらかじめ彼に二元的な思考を設定していた。たとえばオーストリア愛国主義とドイツ民族主義の二重の軌道である。他方、同じ理論は「法」と「国家」

を、「それらが持つ」有益な諸機能に分解していった。そこでレンナーは重点を、ある時は片方に置き、他の時には別の側に置く、ということができた。彼はいつも、理論を道具のように扱うやり方を拠り所とすることができた。

この理論的に裏付けられた、その時々の時代精神の愛好は、レンナーを繰り返し行き止まりの道に誘い込んだ。だが、まさにこの愛好に助けられて、そこから抜け出しもした。まだ一九一七年には「大臣病」の嫌疑をかけられていたが、すでに一九一八年には「革命的」とされた、まったく別の体制の政府首班だった。一九三七年には、ヒトラーと差し迫る「合邦」とに反対して密かに工作を行っていたが、すでに一九三八年には、完了して具体的に目に見える「合邦」に身を委ねた。一九三八年秋には、ミュンヘン会談とともに、同会談が定める、大国間の折衝からソ連を排除することを賞賛したのに対し、一九四五年には、栄光のソ連と「親愛なる同志スターリン」に対する、少なくとも同様に大仰な賛歌を歌う用意ができていた。

レンナーにおける理論と実践の関係は、カウツキーのそれを一種逆転させたものである。レンナーは、逆立ちしたカウツキーである。カウツキーの理論は少なくとも傾向として、所与を後から（aposteriori）正当化する結果になる。レンナーの理論は、その都度優勢な状況を事前に（apriori）正当化する。カウツキーの理論は、傍観へ誘う。レンナーの理論は、同じく強く参加へ誘う。カウツキーの社会主義は、どちらかと言えば退避をよしとする理論（Absentismus）である。レンナーの社会主義は、むしろ協力する（Kollaboration）理論である。カウツキー理論の実践上の帰結は、肩をすぼめ、ことの成り行きを甘受することだった。自分が、本来必然であること、そして手を出しがたい事情を洞察していることを自覚した甘受だった。レンナーの理論は、高揚して現場へ駆けつけること、現状（Bestehendes）に対する義務を引き受けることに導いた。カウツキーは、こうした責任を拒絶しなければならなかった。彼はこの責任を、歴史の強大さを前にして取り得ないと考えたからである。

ふたりの理論の端緒において共通していることは、ふたりの思考パターンから説明できるものが内容ではなく、気質だということである。レンナーはナチ党員にもスターリン主義者にも愛想を言うことができた。それはカウツキーについては、まったくあり得ないことだった。レンナーが愛想を述べる相手はいつも、その時々の権力者、躍進する者、勝者だった。カウツキーの分析は、無力感を背景にしてなされた。レンナーの行動を求める、倦むことを知らない楽観主義が、物事を相対化し社会主義を矮小化する積極性になって再三再四現れた、ということだけを見ても、彼は結局のところヨーロッパ社会民主主義の典型的な「右派」だった。これに対し、カウツキーは「左派」、つまり社会民主主義の左派だった。というのは、彼の思考法は、彼自身と彼の社会主義とを永遠の反対派とし、原則的に野党の立場に導いたからである。[2]

行動を楽観的に考えるか、それとも悲観的に考えるか、という気質を根拠付ける理論、これこそが、レンナーという社会民主主義者の類型とカウツキーという社会民主主義者の類型とを結びつける共通性である。だが、レンナーは実際に「類型」だったのかどうか？　社会民主主義者の多様性の中で一匹狼を越える存在だったのかどうか？

レンナーは疑いもなく、オーストリアのルイ・ブラン②のような存在だった。ブランと同じく、そして彼に遅れること半世紀で、レンナーは社会主義への進化的・改良的路線を代表した。その上、ブランと同じように、レンナーは社会・福祉国家の初期理論家の一人だった。壮大な投企、広範なユートピア、これらはブランにもレンナーにも無縁のものだった。[3]

その上レンナーは、オーストリアのラサール③のような存在でもあった。ラサールからほぼ半世紀後、レンナーは憲法問題、法の問題に興味を覚え、ラサールのように国家の持つ重要な役割を強調した。[4] レンナーもまたラサールのように、「敵方」と建設的と思われる接触をすることにいつも興味を持っていた。ラサールはそのような関係をビスマルクと結んだ。レンナーはそのような接触を、ハープスブルク政府の戦争指導勢力だけでなく、キリスト教社会党、ナチ党員、共産主義者にも申し出た。

さらにレンナーはまた、オーストリアのベルンシュタイン④のようでもあった。[5] ベルンシュタインと同じように、変化した社会情勢を基に理論をさらに発展させる必要性を説いた。ただその際、ベルンシュタインと違って、レンナーはなかんずくカール・マルクス本人に依拠した。ブランやラサール、ベルンシュタインと異なって、レンナーはオーストロ・マルクス主義者でもあった。つまりオーストリア社会民主党に存在したこの思考・実践グループ、党内でも最重要の潮流の一つを代表する者だった。オーストロ・マルクス主義は、世紀転換点から第一共和国の終焉までオーストリア社会民主党の本質を規定した。レンナーのオーストロ・マルクス主義に関してとりわけ言えることは、レンナーの修正主義的で改良主義的、かつ進化的・実践的・国家主義的な見解のすべてが、マルクスからの引用で飾られ、根拠付けられていたことである。

ことにレーニンがとりわけ一〇月革命後、レンナーを繰り返しヨーロッパ社会民主主義の典型的な代表者であると位置づけていた。ただ、レーニンの評価では、どちらかと言えば論争の様相が前面に出ていた。彼はレンナーを個別に扱ったことがなく、レンナーはいつも、レーニンが時に怒声を、時に罵声を浴びせた多数の社会民主主義者の一人にすぎなかった。レンナーは、他のヨーロッパ諸国の著名な社会民主主義者たちと同じように、社会民主主義者による革命の「裏切り」、形式的に理解された民主主義への固執――それは結局、レーニンによれば、労働者階級にとって民主主義ではあり得ない――の代表者だった。[6]

レシェク・コワコフスキは、レンナーを「オーストロ・マルクス主義の優れた樹立者」の一人と見る。レンナーは、とりわけドイツ修正主義への理論的・戦略的架橋を試みた人とされる。この位置付けはレーニンと比べると、コワコフスキがレンナーとバウアーを区別し、オーストリア社会民主党とドイツ社会民主党を、さらには社会民主主義の全潮流における「右派」と「中道」、「左派」を区分する点でよりきめ細かである。[7]

レンナーがマルクス主義の用語を修正主義の内容と結びつけるという意味で、彼は間違いなく特別な社会民主主義者である。ただ、このやや修辞的な特性は、レンナーの特徴ではあっても、社会民主主義そのものの特徴とは言いがたいが、レンナーにおける理論と実践の関係は、その基本的特性を見れば、社会民主主義全体に重要性を持つ理論と実践の関係にそっくり照応している。

レンナーの理論・実践関係は、彼が一〇月革命後、政治ルールと政治過程の問題を「ボリシェヴィキとの」識別の根本的な指標にした点で、典型的な社会民主主義者のものだった。[8] 一九一七年一〇月以降、社会民主主義者とは、マルクスに部分的に依拠する社会主義者たち、少なくとも国際社会主義に依拠する社会主義者たちの謂であり、議会主義と複数政党制ルールの護持を絶対の価値だと主張して、その結果、レーニンによる「ロシアの道」を非難せざるを得ない社会主義者たちだった。レンナーが他の社会民主主義者たちと同じように、議会主義と複数政党制を受け容れたことによって、彼は一定の帰結に拘束された。たとえば、少なくとも潜在的に多数派である者たちの意識を先取りはしないけれども、その意識をそっくり尊重するという帰結である。決めかねた場合、一九一七年以降の社会民主党はレンナーも含めて、優勢な意識に、それとともに優勢な状況にも適応しなければならなかった。社会民主党とレンナーにとって、ボリシェヴィキが支払い、あるいは請求した値段は、あまりに高いものだった。マルクス主義を貫徹するために議会の規則が軽視され、複数政党制が抑圧されて、結局、政治的自由主義の自由が排除された。レンナー流の常に適応を旨とする民主的社会主義と、そうした適応を嘲るばかりの共産主義との間には、結局、第三の道はなかったし、今もない。

もちろんレンナーは、社会民主主義の帰結——「より小さな悪弊」を回避するために自ら政治権力を掌握する、政府に何としても参入する（hineindrängen）という帰結——からしても典型だった。レンナーもまた、そしてとりわけ彼は「政権社会主義者」（Regierungssozialist）だった。[9]彼は、ヨーロッパの大規模な社会民主主義諸政党がその後決断しかねた時、繰り返し適用したことを定式化し実践した。すなわち権力に参加することを優先して、社会主義の明解さを放棄したことである。レンナーの「大臣病」——これによって彼は、没落しつつあった帝国政権の潜在的な提携相手になった——や彼のオーストリア愛国主義、あるいは別の歴史的瞬間における彼のドイツ民族主義は、あるまったく抑えがたい嗜好の表現に過ぎなかった。つまり優先されるべきは、一定の社会民主主義の原則を犯しても、社会民主主義の名において統治することであり、反対に、社会民主主義の名において原則に忠実でありながら、無力な野党に留まることを望まない、というものである。

レンナーのこうした政権社会主義の基本的傾向は、短期ではあるが、彼をナチズムの影響圏にも引っ張っていった。（彼はここでは極端に振れたために、間違いなく、社会民主主義全体をもはや代表していなかった）。レンナーは一九一七年以降、レーニン主義を相手に自由主義のルール、議会主義のルールを絶対的価値として擁護した一方、ナチ政治の重要な諸要素を認める用意があった。彼は確かにナチズムの政治体制を正当化するところまでは行かなかったが、個別の政策、たとえば「合邦」とかミュンヘン協定とかの正当化は行った。ここでレンナーの持つ行動への衝迫は、通常であれば社会民主主義に本質的とされる限界をも越えて行った。

レンナーが体現していた社会民主主義の類型は、政治的な恣意性のきらいがあった。レンナーはその法理論、憲法理解において、繰り返し政治機関の中立性を強調した。レンナーにとって政治上の成果はいつも、結局、恣意的に行動するための政治的な道具だった。彼はこの恣意性を一般的な方法論――オーストロ・マルクス主義の特性として、マルクスから導出した方法論――でやわらかく包み込んだ。そこで彼は結局のところ、誰に対しても何かを供与した。オーストロ・マルクス主義者たちには、マルクス主義の用語を提供し、修正主義者たちには、実践上の柔軟性を、その時々の支配者たちには、政治的な柔軟性に誘う「より小さな悪弊」理論を、そして支配される者たちには、具体的で実践的な改良政策を提供した。社会民主主義者であり、オーストロ・マルクス主義者であるレンナーは、一九一七年、皇帝政府と野党の社会民主党との間を取り持つ媒介者――あるいは、その見込みのある者――となることができた。彼はこうして一九一八年の「革命的」宰相に就任した。また、一九三三年から三四年にかけて権威主義政府との架橋者として登場したが、その試みは結局、不首尾に終った。さらに彼は、ヒトラー・ドイツの広報係としての役割を演ずるとともに、「親愛なる同志、スターリン」と申し合わせて［第二共和国建設へと］前向きに振る舞った。

レンナーはこの柔軟な振る舞いを、繰り返しマルクス主義的方法の応用と称した（ただし間違いなく、一九三八年一一月の秘匿された出版物［実際には、印刷見本に留まった］は例外だったろう)。この方法に関して、ペーター・クーレマンが適切にコメントしている。

レンナーは時折、自分の理論がもはやマルクスの見解とは多くの共通性をもたないことを認めた。……しかし、レンナーは同時に、マルクスの方法に厳密にしたがったやり方を求める。だが、レンナーの言うマルクスの方法とは、彼自身の方法に他ならない(クーレマン『オーストロ・マルクス主義を例として』一九七九年、二六七ページ)。

カール・レンナーは社会民主主義の典型だったろうか? その主潮流の一つを代表するにふさわしかったろうか?

カール・クラウスは悲劇『人類最期の日々』の第五幕第三〇場[正しくは第一一場]で、社会民主主義者の一つの類型であるベルリン・テルトヴ出身の同志シュリーフケを描く。シュリーフケは語る。

プロイセンの社会民主党員たちが帝国内務省の招聘に応じて出かけ、この会談に皇帝が参加するとしても、それは党の原理原則を犯すものではありません。……社会民主党は革命党です。(おー、というどよめき)。そこで、状況の変化により必要とあらば、党は旧い伝統からも決別しなければなりません。……ここで言うのは、党の伝統です! 党は自らの陣営で革命を起こさなければなりません。党はまさしく骨の髄まで革命党だからです！

レンナーは、どの政府官庁であれ、入庁するように勧誘されれば、いつでも入庁する用意があった。彼はオーストリア社会民主党の「同志シュリーフケ」である。直接に変えられない現実を、社会民主党の参加によって緩和することは、レンナーにとって迷いはあっても、より小さな悪弊だった。それは、原則として用心深く自党の純潔を守りはするけれども、状況緩和を目指す改良主義的な介入を放棄することに較べれば、より小さな悪弊だった。レンナーは自ら関与する（sich integrieren）用意があり、その関与には、ほぼ限界がなかった。

九、レンナー　オーストリア人の一つの類型

カール・レンナーの特徴は、彼がその時々の支配潮流の代表者として、繰り返し立ち現れることである。理論と実践でレンナーは、明らかに優位に立つ（hegemonial）と思われる――それは社会民主党内で、というよりも、オーストリア全般において優位に立つ――ものを表現する。レンナーは事実が優位に立つ（faktische Hegemonie）理論家であり実践家である。彼の理論と実践は、その時々の支配的な状況の指標であるとともに、現状を正当化する道具でもある。

二〇世紀オーストリアの大規模な衝突の中で、レンナーはほぼいつも、その時々の強者の側に立っていた。レンナーが時として、たとえば一九〇七年や一九三四年のように、支配勢力とは明確に反対の立場にあったとしても、反対者との架橋の用意を表明して対立を前向きに克服する用意があった。支配者たちにとって、レンナーは対立する者でありながら、彼の立場と人物像を考慮すると、恒常的なシグナル、すなわち自分たちの基盤を拡大してくれて、より多くの正当性を権力に付与してくれるシグナルだった。

一九一四年以前にレンナーは、社会民主党内で社会愛国的オーストリア路線を体現していた。一九一四年から一九一八年にかけては、オーストリア社会民主党員の誰よりも、政府の内政・外交の基本路線に沿って政府と提携する用意を表明していた。とりわけドイツ民族主義に裏打ちされた理論形成も行い、それは中欧諸国との提携関係の中で［オーストリアの］ドイツ帝国を指向するジュニア・パートナー構想にうまく適合する理論だった。一九一八年、レンナーはオーストリア帝国の残余部分が、共和主義・民主主義のドイツと合邦する路線に賛成を表明した。だが、すでに一九一九年には「現実」政策――サン・ジェルマン［の講和条件］に抵抗しつつも、現実のものとして留意する政策――の代表者だった。

一九二〇年から一九三三年にかけてレンナーの評判は、党「右派」の特異な理論家として固まった。社会民主党による抵抗を、硬化した絶対的な拒絶ではなく、政府に柔軟に対処して提携の用意も怠らない反対として表明しようと試みた。そして危機的な何か月もの間、すなわち［一九三三年三月］政府が策動して暴力的に国民議会を排除した時から一九三四年二月の内乱まで、レンナーは「ニーダーエスタライヒ人」からなる党内「穏健右派」を代弁して、自分が、独裁準備を進める政府と対話する相手になりうることを示そうとした。

一九三四年二月、レンナーはその人生で最初にして最後となる政治犯の境遇を味わった。彼は聴取に際してドルフース政府に対し、核心部分では一切譲歩しなかったが、倦まずたゆまず強調したことは、社会民主党内で自分が代表する路線が［党の］急進化――もっとも、それは政府の思い込みにすぎず、実体に即していなかった――に何ら責任を負うものではない、ということだった。一九三四年から一九三八年の「大休止」の間に（たとえば一九三七年にパリを訪問した時）、レンナーはある見解を表明した。それは一九三八年三月、まさに革命的社会主義者たちの立場ともなるものだった。つまり［ドルフースの後継者］シュシュニクは「より小さな悪弊」であり、権威主義的身分制国家がナチ体制に対して抵抗の姿勢を取る限り、条件付きではあるが提携する用意がある、という立場だった。ところが「合邦」直後、レンナーは自分の持つドイツ民族主義の根源を思い起こし、新体制の広報係となることでナチ体制によるあらゆる追及を回避した。レンナーがナチ党員になったわけではないが、これ見よがしにあらゆる抵抗運動に距離を置き［将来に］備える態勢を取った。それは一九四五年四月、オーストリア共和国再建に当たり、「親愛なる同志」スターリンに奉仕を申し出るためだった。[1] レンナーは今や、一つの新たなオーストリア愛国主義を、つまりオーストリア・ネーションという観念を展開して見せた。それはレンナー流のドイツ民族主義とは無縁だった。

驚くべきは、［レンナーに］いかなる抵抗の姿勢も欠落していたことである。レンナーは、たとえ反対の態度を取っても、あるいは傍観の姿勢を取らざるを得なくても、抵抗はしなかった。一九一七年、レンナーを社会民主党の「俗で不誠実な精神」の代表者だと形容したのが、フリードリヒ・アードラーだったことは決して偶然ではない。フリードリヒ・アードラーは、カール・レンナーとまったく対照的だった。[1] 権威的な統治を行った首相のシュテュルク伯を狙ったアードラーの発砲は抵抗だった。オーストリアにおけるナチ体制の犠牲者たち、たとえば一九三八年四月一日、ダハウの強制収容所に送られたヴィクトール・マテイカ［カトリック左派の著作家］などは、レンナーの態度を厳しく批判した。[2] レンナーは抵抗路線を取る者たちとは縁がないままだった。彼らの目にレンナーは、いつも権力者になびこうとする日和見主義者に映った。

　レンナーはその帰納的な理論了解によって、再三再四、既存のものを必然と考え、より強いものを不可避と見做すことになった。したがって、彼は矛盾するものを見逃し、将来、ダイナミックな発展が可能であることを軽視するきらいがあった。だからこそ、レンナーは誤った。それは一九三八年においてもっとも明白で、彼はオーストリアとドイツとの「合邦」だけでなく、ミュンヘン協定で達成された「ズデーテン問題」の「解決」もまた、まるで最終的であるかのように見做したのである。だが、彼はまた別の時にも誤りを犯した。たとえば一九一七年、彼が誤って進歩的だと見做したドイツ帝国に比べ、「ブルジョア共和国」であるフランスの民主化度が低い、と宣伝臭のする言明を行った時である。あるいは一九三三年、彼は［ドルフース政権に時限で全権を付与する］憲法上の妥協を行って、民主共和国を少なくとも部分的に救済しようとした。ドルフースには妥協の用意がある、と見做したからである。[②]

　レンナーは誤った。だが半世紀以上も一国の歴史に積極的に働きかけ、半世紀以上も自国の歴史を繰り返し分析した者で、誤りを犯さなかった者があろうか。重要なのは誤謬の事実ではなく、その性質、いわばレンナーによる誤謬の方法的背景である。なぜなら、彼の誤りは権力者と共にあって、弱者に向かって犯されたからである。

カール・クラウスもまた、少なくとも三〇年以上にわたって批判的・分析的にこのオーストリアに伴走したが、『人類最期の日々』で没落する国家の現実を率直に指摘していた。また『第三のワルプルギスの夜』では、オーストリア人がナチズムについて知ろうとしさえすれば、一九四五年を待たずとも、一九三三年及び一九三四年には知り得たことを明らかにしていた。[3] カール・レンナーもまた、少なくともこの可能性――旧オーストリア［帝国］の戦争政策の現実とともに、ナチ・テロ政治の実態を知り、理解・分析する可能性――を持っていたはずである。しかし、カール・クラウスが道徳的観点から絶対的な反対路線を取ったのに対し、カール・レンナーは、没落しつつある帝国の事実上の軍事独裁に対してだけでなく、ナチ党の全体主義的なフューラー・党独裁に対しても、繰り返し協調の用意があることを示唆し続けた。

カール・クラウスとカール・レンナーは、ふたりとも二〇世紀のオーストリア人である。カール・レンナーは、どの程度オーストリア人の一つの典型［Prototyp］だったろうか?

レンナーはいずれにしても、常にオーストリアの世論の主流に棹さしていた。一度としてこの主流と闘ったことがない。彼はその時々に優勢な、オーストリアの時代精神を代表していた。一九一四年以前は民族問題で頭がいっぱいになり、旧帝国を救済する前向きの策を練った。一九一四年から一九一八年の時期は、新絶対主義が操作・管理する、オーストリア「ドイツ人」の盲目的愛国主義に抗することがなかった。一九一八年には、基本的に外部からの影響を受けたオーストリアの情勢展開を「革命」と名付けようとした。一九一九年、戦勝国の強いる協調（Modus vivendi）を受け容れた。一九三三年・一九三四年には自覚の「急進主義者たち」と袂を別った。一九三七年の外国滞在中、ナチ・ドイツとの「合邦」に絶対的に反対した。一九三八年には、すでに完了した「合邦」の地盤の上に立ち、露骨に軍事的で、いまだ収まらないヒトラー・ドイツの膨張衝動を全面的に正当化した。[3] 一九四五年には再び、「新」オーストリアを代表する準備に取り掛かった。このオーストリアは、連合国と、特にソ連と協働しようとしていた。一九五〇年にはついに、大連立による新たな反共主義の基本合意を体現した。

レンナーは明らかにその気質からして、たまたま優勢な時代精神にしたがうような行動しか取ることができなかった。目の前の時代精神を拒絶することができなかった。むしろ彼はその時々の時代精神を理論的にも説明し、同時にそれを少なくとも間接的に正当化する用意があった。

この実践的・理論的正当化と関連した、時代精神をめぐる果てしない揺らぎが、レンナーをオーストリアと、そしてオーストリア人の姿勢とに結びつける。このためにレンナーが一九四五年に、そして晩年の数年にもまったく分析できなかったことは、一九三八年の春、彼と大多数のオーストリア人が取った態度の原因は何だったのか、ということである。したがって彼はまた、反ユダヤ主義の特殊オーストリア的な原因と現象形態とをずばり指摘出来なかった。他方、まさしくその故に、彼の最後の演説（一九五〇年／五一年）［一九五〇年中に録音された、一九五一年年頭の演説］で連合国を非難して、オーストリアは自分たちに課された諸課題、特に非ナチ化の措置を「とっくの昔に」果たしたのだ、と反論することが出来た。したがって、レンナーが決して良心の呵責を覚えることがなかったことは明らかである。彼はオーストリアの優勢な時代精神とともに常に揺れ動いた一人だった。

レンナーの航跡は、オーストリアを理解するのに役立つ。レンナーはドイツ民族主義者であるとともに、オーストリア愛国主義者だった。ヒトラー・ドイツとの合邦に反対であるとともに賛成だった。ソ連と「親愛なる同志スターリン」を賞賛しながら、オーストリア社会党の絶対的反共主義の故に［党首の］アードルフ・シェルフを祝福した。彼はカール・マルクスを引き合いに出す修正主義者だった。だが、彼が明らかに理解できなかったことは、その態度が解きがたい矛盾として現れざるを得ないことだった。たとえば、彼が一九三七年にフリードリヒ・アードラーの行ったやんわりした批判に感情さえ害して応えた時である。

オーストリアの矛盾とは、第二共和国の取った態度である。一九四五年四月二七日の独立宣言前文でモスクワ宣言（一九四三年一一月一日）を引き合いに出すに際して、モスクワ宣言が同時に記録していた、ナチの戦争犯罪に対する［オーストリアの］共同責任については言及しなかったことである。このように矛盾に満ちたオーストリアを、レンナーが繰り返し代表したのは偶然ではない。彼が二〇世紀オーストリアにおける決定的な時の人だったことは偶然ではない。

一九四三年一一月一日のモスクワ宣言は、最初にオーストリアを「ヒトラーによる典型的な攻撃政策」の最初の犠牲者だったと明言し、オーストリアの独立再興を連合国の戦争目的と規定していた。だが、続いて同宣言は、歴史的事実の別の側面にも言及していた。

しかしながら、オーストリアがヒトラー・ドイツの側に立って戦争に参加した責任を負い、その責任を免れることはできないこと、そして、自己の解放にオーストリア自身がどれほど寄与することになるか、最終的な決着に際してこの点に留意せざるを得ないこと、以上もまた想起すべきである（引用、シュトウルツ『オーストリア国家条約小史』一九七五年、一五二ページより）。

カール・レンナーの暫定政府が一九四五年四月二七日に署名した独立宣言の前文には、モスクワ宣言の初めの部分しか引用されていなかった。独立宣言本文の中で初めて、モスクワ宣言の第二の内容が指摘される。しかし、連合国はオーストリアとカール・レンナーにも、その一九三八年の態度を思い起こさせていた。前もって一九四七年四月二四日に連合国が準備した国家条約草案には、その前文に二つのまとめが含まれ、それらはモスクワ宣言が述べる二つの事実に緊密に関わっていた。

以下のことを指摘する。ヒトラー・ドイツは一九三八年三月一三日、オーストリアを暴力的に併合し、その領土をドイツに組み込んだ。

この併合後、オーストリアは、ヒトラー・ドイツの融合部分として連合国とその提携国（die

Allierten und Assoziierten)、そしてその他連合した諸国（andere Vereinte Nationen）に対する戦争に参戦したこと、ドイツはこの目的のためにオーストリアの領土、オーストリアの軍隊、物的補給資源を利用したこと、オーストリアは、この参戦から生ずる責任を免れないことである（引用、シュトウルツ『オーストリア国家条約小史』一九七五年、一八一ページより）。

オーストリアとオーストリア人のナチズムに対するちぐはぐな態度は、ここで国際的に記録された。そしてほぼ八年間、連合国のこの立場は［国家条約締結まで］条約草案に残された。ただ、同条約は東西対立から公式に調印できないままだった。やっと最初の緊張緩和とともに国家条約への舵が切られた時、オーストリア連邦政府は、上記二つの引用章句のうち、モスクワ宣言を踏襲した第二のものを削除させることに成功した。[4] こうして歴史的事実の一つ、つまりオーストリアと多数のオーストリア人の加害者としての役割（Täterrolle）が消去されたように思われる。そしてもう一つの事実が残った。オーストリアと多数のオーストリア人の犠牲者としての役割という事実である。レンナー自身は明確に犠牲者でもなく、明確に加害者でもなかった。彼はほんの一瞬、ナチ体制と妥協していた（paktiert）。ナチの敗北がはっきりした時、レンナーは連合国に、そしてソ連に顔を向けていた。レンナーはナチの戦争マシーンと絶滅マシーンに参加していなかった。一方、このマシーンの犠牲にもなっていなかった。

オーストリアのちぐはぐさは、まさにレンナー自身のちぐはぐさでもあったけれども、それは長い間、国際的なテーマではなかった。一九八五年一月にオーストリア国防大臣が、刑期満了前にやっと恩赦を受けた大量殺人者であるヴァルター・レーダー[④]をオーストリアで握手をもって歓迎した時、国際世論はオーストリアの矛盾に初めて気付いた。[5] さらに一九八六年、クルト・ヴァルトハイムをめぐる国際論争が始まった時、一九三八年から一九四五年までのオーストリアの役割、そしてナチズムのオーストリア的根源、一九四五年以降、あらゆる責任に頬被りしたままのオーストリアの狡猾さがついにテーマとなった。

クルト・ヴァルトハイム事件、[6] これは間接的、象徴的ではあれ、本来オーストリアをめぐるスキャンダルであり、具体的にはカール・レンナーをめぐるスキャンダルではないだろうか？　周知のことを総合すると、ヴァルトハイムは、その心情においても党籍においても決してナチではなかった。レンナーもまたそうである。我々が知る限り、ヴァルトハイムは決してナチから迫害されなかった。だが、ナチ体制の暴力行為を見聞きしたことによって、彼はオーストリアの一切の抵抗から身を引いた。それはカール・レンナーにも当てはまる。ヴァルトハイムは明らかに、ナチの戦争・絶滅マシーンの比較的容易に交換しうる歯車になった。だが、このことは例外的に、偶然の理由からレンナーには当てはまらない。ヴァルトハイムは彼の世代の一員として軍務を強いられた。レンナーはその年齢の故に、この可能性を免れた。ヴァルトハイムは一九四五年以降、自分の役割をやや一面的に描こうとした。いずれにしても、自分のナチとの近すぎる関係、犯罪への関与を疑わせる点をすべて無視した。これは再びレンナーにも当てはまる。彼が大袈裟にミュンヘン協定とヒトラー・ドイツの政策を賞賛したことに沈黙したことは、ヴァルトハイムがバルカン半島における自分の役割に沈黙したことと同等に扱うことが可能である。

カール・レンナーはオーストリアを代表する。クルト・ヴァルトハイムもオーストリアを代表する。第二共和国初代の大統領と第六代大統領とは多くの共通性を持つ。レンナーは確かに知識人として、理論家、政治家として、明らかにヴァルトハイムを凌駕している。レンナーの著述は、それだけで理屈抜きで強い印象を与える。彼が一九一八年と一九四五年にオーストリア発展の進路を具体的・根本的に定めた役割は、ヴァルトハイムが外務大臣や国連事務総長、連邦大統領としてそれぞれの歴史的時期に果たすことのできた役割と較べると、はるかに重要である。だが、ふたりともオーストリアの典型であり（typisch）、そのままでは互いに相容れない歴史的諸事実の直接的で矛盾に満ちた並存を代表したままである。

当時［一九五五年］の外務大臣レーオポルト・フィーグルが代表したオーストリア連邦政府は、国家条約調印前夜に条文から［オーストリアの］共同責任と共犯条項が外れたことを自らの手柄と見做した。オーストリアとオーストリア人は鼻高々だった。外交文書に付きものであるかの如き共同責任や共犯という表現が外れたからである。カール・レンナーとクルト・ヴァルトハイムは、一九四五年以降の彼らの活動のどの時期を取っても、一九三八年から一九四五年の間にオーストリアと世界で起きた出来事に対する共同責任と共犯をどんな形でもまとめることができなかった。レンナーが［これを無視する］範を示した。彼を追ってほぼ一世代後にクルト・ヴァルトハイムが真似をしたが、もちろん成功はおぼつかなかった。

カール・クラウスは『人類最期の日々』(第五幕第八場)［正しくは第四幕第三場］で「オーストリアの貌」を登場させた。この人物はウィーン近郊の、とある駅の切符売り場の中に姿を現した。「五〇〇人もの群衆」が二時間も閉じたままの窓口の前で列車を待っていたが、時刻表通りに到着するかどうかは、すこぶるあやしかった。

(切符窓口が開いて、オーストリア人の貌が現れる。それはガリガリに痩せこけているが、悪魔のように楽しげである。骨と皮の人差し指が、あらゆる希望を奪うように左右にゆらゆら揺れる)

オーストリア人の貌　「切符は一枚も売りません！」

(ぶつぶつ言う声が喧噪にまで高まる。いくつものグループができる)

一人の事情通　「来いや、俺が裏口を教えてやる！　そこは、切符は要らねえよ！」

(皆、立ち去って裏口から入る)

オーストリア人の貌は、歴史の明白さを表している。ただ、まったくあたりまえに思えるのは、この明白さを回避しなければならないことである。オーストリア人の貌は明白である。だが、この明白さに逆らったとしても、結局のところ、間接的にではあるが、多くのことが明白になることを我々は承知している。

カール・レンナーはカール・クラウスに登場する「事情通」に喩えられる。彼はオーストリアとオーストリア人に「裏口」を教える。それはオーストリアの歴史の持つ不都合と苛酷さを回避することを可能にする。

付論　ヴォルフガング・ツヴァンダー「国父カール」

ヴォルフガング・ツヴァンダー著「国父カール――カール・レンナーは、もっともオーストリア的な政治家だった。それが今日、彼の評価を難しくしている――」（政治・社会マガジン"DATUM" 02/19号より）

一九四五年三月二九日、赤軍［ソ連軍］がブルゲンラント州の大ドイツ国境①を越えた時、オーストリアを賭けた壮大なポーカーが始まった。それは東西の競争であり、新旧の政治陣営が権力・影響力・指導的地位を求める競争だった。本来、七四歳のカール・レンナーのためには、この世界政治ゲームのテーブルに席はもはや用意されていなかった。誰一人――ひょっとして、レンナー自身の思いは別だったかもしれないが――一瞬たりとも思わなかったことは、彼がわずか数週間後にこの権力をめぐるポーカー・ゲームの勝者として立ち現れたことである。

二〇世紀オーストリアの偉大な政治家の誰よりも、カール・レンナーがおそらく一番オーストトリア的だった。肯定的にも否定的にもそのように言える。今日、オーストリア民主主義の二度にわたる樹立者を研究する者なら誰でも、彼の否定しようもない功績にもかかわらず、評価の定まらない一人の人物と関わることになる。このことは、昨年［二〇一八年］の記念の年[②]にも明らかになった。他の政治家の伝記には、話題となる大きな記念日がレンナー伝のように立て続けに織り込まれることはない。共和国［樹立］一〇〇周年、初めての国民議会選挙実施一〇〇周年、サン・ジェルマン講和条約調印一〇〇周年がある。しかもナチ・ドイツによるいわゆる「合邦」八〇周年もある。レンナーは、これらすべての出来事に遭遇しただけでなく、その真只中にいた人物である。

歴史家のヴァルター・ラウシャーは記す。「レンナーは、間違いなくいつも多数派に倣って考えた。政治的な流れに逆らうことは、彼には非常に難しかった。したがって彼はまた、自分の理想を自ら放棄する手前までは合意する用意があり、変容と適応の能力を備えていた。筆者［ラウシャー］が思うに、これぞまさしく、レンナーをまったく典型的なオーストリア人にするものでもある」。

レンナーは「いつも顔を出す男」とは、政治学者アントーン・ペリンカが記すところである。レンナーはそのようにしてオーストリアの理解を手助けしてくれる、と。「レンナーはドイツ民族主義者であるとともに、オーストリア愛国主義者だった。ヒトラー・ドイツとの合邦に反対であるとともに賛成だった。ソ連と「親愛なる同志スターリン」を賞賛しながら、オーストリア社会党[3]の絶対的反共主義の故に［党首の］アードルフ・シェルフを祝福した。彼はカール・マルクスを引き合いに出す修正主義者だった。だが、彼が明らかに理解できなかったことは、その態度が解きがたい矛盾として現れざるを得ないことだった」。

レンナーのイデオロギー面における転換の機敏さ（Wendigkeit）は、いずれにしても巧妙な外面であり、その背後で巧みに現実主義的な政治が遂行されたことは明らかである。ペリンカは、レンナーがカール・クラウスの作品に登場する「事情通」に喩えられるとして、レンナーについてさらに記す。「彼はオーストリアとオーストリア人に『裏口』を教える。それはオーストリアの歴史の持つ不都合と苛酷さとを回避することを可能にする」と。オーストリアの歴史の持つ不都合と苛酷さとを回避すること。第二次世界大戦の終盤にレンナーが演じた政治的役回りを、おそらくこれ以上適切に描くことはできないだろう。

一九四五年のカール・レンナーは本来なら、すでに過去の人だった。レンナーは、モラヴィア南部の零落した農民の一七番目ないし一八番目の子として一八七〇年に生まれた。（初めに生まれたのが、彼だったか、双子の兄弟だったかは、まもなく誰にもわからなくなってしまった）。彼は骨の髄まで帝国の人間だった。共和国ではなく、ハープスブルク帝国によって彼の思考と人生の大半とは形作られた。彼もまた一九四六年に、自分の伝記を『二つの時代の転換点で』と名付けた。

彼は子供のころ呑み込みが早く、すぐに物事を覚えることができて、ギムナージウムに通って優秀な成績を修めた。家庭教師の経験を通じてブルジョア世界に憧憬を覚えたが、その世界が持つ不公正さはまた、彼をひるませた。彼は一文なしで法律の勉強のためにウィーンに赴き、部屋探しの途中で、後に配偶者となるルイーゼと知り合った。二一歳で娘の父親となり、議会図書館の職に就いた。理由は、そこでは多くの書に目を通し書き物ができたからである。その後一生を通じて、レンナーは信じられないほど多くの文章を公刊した。政治に関わる著作はもちろん、詩あるいは法理論・法社会学の著作を発表し、その一部はこの分野で今に至るも画期的とされる。

勉学の途中で社会民主労働者党［社会民主党と略称］に入党したが、それはおそらく両親の運命を思っての行動だったろう。両親は家と農地を失い、救貧院で亡くなっていた。レンナーは間もなく情熱あふれる政治家であることを示した。教えたり講演をしたりして、大衆基盤に根付いた活発な活動を行い、一九〇七年、帝国議会議員に選出された。「自然の友」[4]の共同設立者であり、銀行を立ち上げて、社会民主党系の協同組合を、ブルジョア銀行への全面な依存から解放した。レンナーはまた協同組合によって自分の権力基盤を築いた。[5]

すでに帝国の最後の年月、レンナーは首相候補に挙げられていた。彼の政策がオーストリア＝ハンガリー帝国の崩壊に至るまで目指したものは、帝国の救済だった。これが潰えた時、自分の多民族帝国救済計画を放棄し、首相として第一共和国を樹立した。サン・ジェルマン［講和会議］

でオーストリアのために交渉し、後には国会議長を務めた。ほとんどの場合に妥協と抑制、対話に努めたことで、彼は社会民主党右派の典型的な代表者だった。

したがって、党内左派の間で彼の評判は芳しいものではなかった。フリードリヒ・アードラー（党創立者であるヴィクトール・アードラーの息子）が、レンナーのような輩のもとで社会民主党は「キリスト教社会党化し、民族主義化、プチブル化した」と声高に非難した。これに対し、レンナーがフリードリヒ・アードラー及びオットー・バウアーを取り巻く左派イデオローグをどのように見ていたか、ということがはっきりするのは、レンナーがキリスト教社会党所属の超保守主義者であるザイペル首相と行ったある会見の報告である。ザイペルがレンナーに訊ねた。貴殿はなぜ、自分（ザイペル）と社会民主党左派のオットー・バウアーとが互によく理解できて、貴殿とはできない、と考えるか？　レンナーが応えた。貴殿が教条主義者だからです、と。この話が実話でないとしたら、少なくともレンナーによる巧みな作り話ではある。

一九三三年、エンゲルベルト・ドルフース［首相］とキリスト教社会党が議会と民主主義を排除した時、レンナーの政治生命は終ったかに思われた。彼は多くの同志と違って、その後の一二年を何とか生き延びたことを喜ぶことができた。

一九三四年二月一二日、オーストリアに内乱が勃発した。警察と軍隊、ハイムヴェール（護国団）が社会民主党の防衛同盟を圧倒した。レンナーは反逆者となって逮捕され、一〇〇日間、ウィーン地方裁判所の拘置房に収容された。その後、国家反逆罪の判決は免れたが、ニーダーエスタライヒ州［グログニッツ］にあった別荘に隠棲せざるを得なかった。ナチの時代にも自宅軟禁の状態で過ごしたが、さほど煩わされることはなかった。なぜならおそらくは、ナチ国家が認可したインタヴュー[⑥]の中で、ナチの［合邦の］方法には距離を置きつつも、同時に、「合邦」をめぐる国民投票では賛成票を投ずるつもりだ、と発表したからである。

ソ連軍が戦争末期、レンナーの住む町に到着した時、彼は老年を迎え、健康をむしばまれて[⑦]政治的な孤立の中でほぼ忘れ去られていた。その頃すでにスターリンは、当時のソ連流のやり方で秘密情報部に命じていた。適切な亡命共産主義者を選出し、権力の地位につけ、できれば、西側連合国がウィーンに到着する前に既成事実を作ること、と。

スターリンにしたがう共産主義者たちにとって、レンナーは化石であり、ブルジョア化した社会民主主義者であるので、配慮する必要のない人物だった。この失策は、共産主義者たちが犯した数多くの失敗の最初のものになろうとしていた。

一一年に及ぶ隠棲の後、なおも政治を志向するレンナーは、政治舞台に復帰する大きなチャンスをかぎつけた。一九四五年四月三日、グログニッツに設けられたソ連軍の地方司令部に赴いて、元のオーストリア政府首班として自己紹介し、共和国再建への助力を申し出た。赤軍とドイツ軍との間では、いまだウィーン攻防の激戦が続いていた。

ソ連軍ははじめ、この年老いた人物をどう扱って良いかわからなかった。（「黒の上下をまとった恰幅の良い老人」というのが、その第一印象だった)。けれども、ソ連軍はレンナーを丁重に扱って民心について訊ね、自軍の宿舎に泊まるよう招いた。翌日、彼はホッホヴォルカースドルフに移送され、「驚くほど多くの高級将校」に迎えられた。(後のレンナーの回想による)。

ソ連軍はスターリンに電報を打った。「貴指示到着まで、レンナー博士は我が軍の掌中にあり。貴訓令を乞う」。スターリンはオーストリアから報告がもたらされると、驚きの声を挙げたといわれる。「なに、あの年寄りの裏切り者がまだ生きておったただと。まさに我々が必要とする男だ」。

スターリンが具体的に何を言い、何を考えたかはともかく、モスクワ時間の四月四日一九時三〇分、クレムリン宮殿の赤いツァーリから返電が届いた。カール・レンナーに「信頼を寄せること」、以下をレンナーに伝達すること、すなわち、彼に「ソ連軍司令部は、オーストリアの民主主義体制再興に当たり、支援を提供する」と。

モスクワからのゴー・サインによって、レンナーは三週間半後、決定的な勝利を収めた。一九四五年四月二七日にソ連軍は、新たに樹立されて自己の指揮下にある暫定オーストリア政府を、自己の命令の及ぶ範囲で承認した。[ウィーン一三区]ヒーツィングにあった一軒の邸宅で、政府樹立交渉が非常に厳しい機密保持のもとで行われた。社会党、国民党、共産党は、オーストリアが独立国であり、ドイツとの「合邦」は無効であると宣言し、一九二〇年憲法の精神に基づく共和国の再興を謳った。(一九二〇年当時、憲法学者ハンス・ケルゼンは、レンナーに個人的に依頼されて同憲法策定作業を行っていた)[8]。

ジャーナリストのヘルムート・アンディクスは、第二共和国のこうした始まりの日々を次のように回想した。「レンナーが一九四五年四月二九日にもまた「ウィーン」市役所から国会議事堂へぶら下げて行った、使い古された書類カバンは、彼の政治的独創性が詰まった道具箱だった。他の者たちが協議の場に席を占めると、彼はいつもこの書類カバンから、すでに出来上がった法案を取り出して机の上に並べることができた」。いまだレンナー政府に対する西側連合国の支持はなかったが、彼はついに権力の座に戻ってきた。オーストリアにとって決定的なこうした日々、レンナーは自分のカードを思うがまま切ることができた。彼は当時すでに、指導的政治家としての並外れた経験をしていたからである。彼はスターリンとも勝負に出ることができた。すでに何十年も前にレーニンのような政治家たちと渡り合っていたからである。レーニンは繰り返しレンナーを、労働運動に対する「裏切り」の廉で非難していた。

アントーン・ペリンカは言う。「スターリンは、自分がレンナーを操れる、と思った。他方、レンナーは考えた。スターリンを操れる」。結果から見れば、スターリンがレンナーを操ったというよりも、むしろレンナーがスターリンを操った。「オーストリアは大成功裏にソ連の吸引力から逃れた。これはもちろん、レンナーの意図するところだった」。

英国の『オブザーバー』紙は、レンナーの死の一年前(一九四九年)に記した。「彼はロシア人が必要とする、うってつけの人物に思われた。歳を重ね、しかも非常に高齢であり、高い人気があって、もう長い間、実際の政治には携わっておらず、過去とつながっていて、人民戦線政府の顔としてうってつけであり、同政府は二三の若い精力的な共産主義者たちがじきに手中に収めることができる、と思われた。しかし、今回、ロシア人は間違った人物を選出していた。レンナーは温和で友好的であり、愛想が良く、共産主義者たちにいくつか閣僚ポストを委ねる用意はあったものの、主導権を握る能力はしっかりと備えていた」。

一九四五年のレンナーに失うものは何もなかった。そこで自分の持てる能力をすべて傾注した。彼は知識、教養、知性を兼ね備え、勇気、熱意、行動力を持ち、やる気、経験、熟練を併せ持っていた。それは、レンナーを改めて共和国の父に押し上げるさまざまな個性と能力だった。だが、彼の持つ弱みと曖昧さを見ないで、強みを数え上げるだけでは不十分である。

オーストリアでは今なお、レンナーの記念碑、胸像が設置され、小道、通り、広場には彼の名が冠せられている。橋や学校、ジャーナリズムの賞、社会民主党の研修機関には彼の名が付けられている。しかし、一九七〇年代以降、社会がオープンになり、とりわけ一九六八年世代がナチの歴史と戦後史の総括に取り組むようになって、レンナー像は反ファシストや自由主義左派、そして左翼一般の人々の間で揺らぎ出した。（それは深く社会民主党の内部にまで及んだ）。

今や批判されるのは、レンナーがオーストリアとナチ・ドイツとの「合邦」に賛意を表明したことだけではなかった。一九七七年、ジャーナリストのライムント・レーフが『フォールム』誌に「カール・レンナーはいかにオーストリアを裏切ったか」という文を発表した。そこで暴露されたのは、今日のチェコに生まれたレンナーが、ナチ帝国によるズデーテンラント併合を定めたミュンヘン協定を歓迎したことである。さらに、一九四五年以降、社会党がユダヤ人帰還者とホロコーストの生存者とを意図的に締め出し軽視したこともまた批判の対象となって、その政策に加担したレンナーへの非難が強まった。

保守派と右派の多くの者には今日、レンナーが［現在の］社会民主党にとって大切な祖の一人であるというだけで、彼を拒否するのに十分である。レンナーに対する特別に不快な念が再び呼び覚まされたのは、ウィーン市が二〇一二年、カール・ルエーガー・リングの名を大学リングに改めた時だった。（その理由として、大学当局が悪名高い反ユダヤ主義者のカール・ルエーガー[9]の名を大学の住所に記したくない、と長年にわたって希望していたことが真っ先に挙げられる）。ルエーガーが消えねばならず、［国会議事堂前の］リングにレンナーの名が残ることを許されるのは、国民党と自由党には反則だと受け止められた。

国民党所属の政治家で歴史家であるフランツ・シャウスベルガーは二〇一三年、レンナーが国会演説で反ユダヤ主義の決まり文句を用いたと非難し、次のように批判した。「第一共和国のオーストリア労働運動は、大衆の反ユダヤ主義に媚びようとした」。批判当時、国民党国会議員団団長だったカールハインツ・コップフは実際また、国会議事堂からフォルクスガルテンまでのリングの部分を、カール・レンナー・リングから議会リングに改名するよう要求した。

その間に現代史家たちが異口同音に裏付けたことは、シャウスベルガーがレンナーに不利になるよう持ち出した引用は、文脈からひどく切り離されていたことだった。さらにまた、ユダヤ人の娘婿であるハンス・ドイチュに対するレンナーの変らぬ良好な関係が、シャウスベルガーの描写とうまく合致しない。オーストリア抵抗運動記録文書館のアンドレーアス・ペーハムは、「レンナーが」反ユダヤ主義者だという批判に対し疑問を投げかける。「レンナーは時代の子供だった。だが、もし言葉の狭義の意味で反ユダヤ主義者だったと言うならば、キリスト教社会党の政治家たちや、とりわけナチの政治家たちは、いったい何者だったろうか？」

しかし、レンナーをめぐる論争が示すのは、共和国の偉人達もまた、しばしば現代の政治的分類枠にすんなり収まらないことである。彼らの功績と失敗、貢献と取りこぼしを取り上げて、今の時代に適切に位置付けることは何と困難なことだろうか。

共和国樹立一〇〇周年と「合邦」八〇周年の二つの記念日が、この困難さを証している。我々の歴史で鋭く対立する二つの指標は、相互に緊張に満ち満ちているが、この緊張はレンナーを歴史的に回顧するにあたり、残念ながら大きく欠落している。記念の年のメディアによるレンナー報道は、そっけなく慎重だった。レンナー自身が精彩を欠いて掴みがたく、個性がないように思われた。レンナーは、もはやほぼ分類不能の人物になった。遥かに過ぎ去った時代の曽祖父は、もはや我々に語り掛けることもない。これは実感としてわかるが、残念でもある。というのは、レンナーは当然、かれの偉大さと失敗とを併せて、オーストリア民主主義——今なお擁護されねばならない——の成功の歴史の象徴だからである。レンナーが我々に想起させることは、光彩を放つ民主主義も、時にまた汚れた問題でありうることである。しかしながら、そうだからと言って、このことから目をそらせば、国と社会自身が責任を負うことになる。

レンナーの著作と生涯に、自ら集中的に取り組んだ政治学者のアントーン・ペリンカは語る。「私のレンナー批判は、多くの者の誤解を招いた。私の著書は、レンナーに対する讃辞にも満ちている。深い知性と状況追随的な（opportunistisch）要素を秘めた政治家は、民主主義の下で有用である」。原則に完全に忠実であることは、全体主義体制の下では実践可能だろう。だが、民主主義の下で何かを達成したいと思えば、柔軟である必要があろう、と。

レンナーは高齢に至るまで確かに柔軟だった。一九四六年、彼がすでに大統領として「オーストリア九五〇年」を機に式辞を述べた時、赤白赤［オーストリア］の歴史を探求し、オーストリアをドイツからできるだけ明確に区分しようとした。レンナーは断言する。オーストリア人は、ドイツの一種族などではない。「そうではなく、多種族の混淆である」。この混淆によって「すでにバーベンベルク家の旧いオーストリアが作り上げた精神の柔軟性、多様性、活発さといった国民的性格」（Volkscharakter）が説明される、と。

ペリンカは語る。レンナーの功績は「彼が常に現場にいたことです。彼は幸いでした。一九四五年にレンナーを非難しようとすれば可能だった汚れたシミは、政治的に重要ではなかったことです。というのは、他の誰もが［レンナーを非難することで］幸いにも自分のシミについて語らずにすんだからです」。レンナーのように長期にわたって政治に携わった者は、当然のことながら非難を招きやすい、とペリンカは言う。「だが、それでどうだというのでしょう？　一九三八年には、共和国が一九二〇年憲法を基に再建されるという可能性に誰も賭けませんでした。ですが、一九四五年にはレンナーがいて、この共和国を再興しようではないか、と言いました。彼は、この瞬間を利用できることを認識していました」。

ジャーナリストで著名なオーストリア第二共和国の解説者であるフーゴ・ポルティッシュは、ある対話の中で次のようにまとめた。「レンナーは知恵の回る政治家であり、少しだけ日和見主義者でした。それどころか、かなり良質の日和見主義者でした。彼はその時点で何を語らねばならないか、何を為さねばならないか、について鋭い勘を持っていました」。

レンナーのオーストリアに対する功績を結局どのように判断しようとも、彼の生涯に取り組む者が心に留めておかねばならないことは、我々の共和国の歴史は、この老人がいなければ別の経過を辿ったであろうし、おそらく今よりも決してマシなものではなかったろう、ということである。

著者［W・ツヴァンダー］の推薦書　レンナーの法、民族、国家、マルクス主義について学術上の概観を得たいと思う者は、アントーン・ペリンカの『カール・レンナー入門』を手に取ったら良いだろう。それは興味深い読書となろう。

訳者あとがき

本書は Anton Pelinka, Karl Renner zur Einführung, Junius Verlag (Hamburg) 1989 の全訳に、Wolfgang Zwander による記事 Väterchen, in DATUM 02/19 の訳を付論として添えたものである。邦訳のタイトルを『カール・レンナー入門』とした。カール・レンナーという人物になじみのない方は、先に付論に目をお通しになると良いかもしれない。レンナーの生涯のおおよそがわかるからである。少し詳しく知りたいという方には、拙訳のS・ナスコ『カール・レンナー　１８７０―１９５０』成文社　二〇一五年をお薦めする。

さて、ペリンカのレンナー論を一言で言えば、改良主義、日和見主義への批判的視点から、レンナーを突き放して冷徹な分析のメスを振るうものである。「対象に寄り添う姿勢」あるいは「容赦」は見られない。レンナーを冷ややかに、と言ってよいほど批判的に見る視点が前面に出ている。

ツヴァンダーがいみじくも語るように、オーストロ・マルクス主義の理論家であり、二度オーストリア国政の頂点に立った政治家カール・レンナーの評価は難しい。その原因は、オーストリア国内外の情勢変化の中でレンナーが次々と立場を変えたことにある。それはまさに「日和見主義」という言葉にふさわしい変貌ぶりであった。著者のペリンカは、これに厳しい目を向ける。一九五〇年のレンナー死後、徐々に確立されたいわゆる「国父」としての肖像に潜むさまざまな矛盾にルーペを当てて、一つひとつ解明しながら、レンナーの「脱神話化」を図る。レンナーの抱える諸矛盾が、オーストリアの諸矛盾そのものであることも指摘される。

矛盾の数ある中で重要なポイントは、一九三八年のドイツによるオーストリア「合邦」に際して、レンナーが公に賛意を表明したこと、そして同年の秋、ミュンヘン協定と、その締結をもたらしたヒトラー・ドイツとを賞賛したことである。ペリンカは、レンナーが短期であるとはいえ、ナチ・ドイツの宣伝マシーンの役割を果たした、と断罪する。第二次大戦後、レンナーがこの事実について正面から語ることはなかった。さらに、戦後のレンナー暫定政府は、一九四三年のモスクワ宣言にあったオーストリアに関する一節のうち、オーストリアがヒトラー・ドイツによる侵略政策の最初の犠牲であったことを大々的に取り上げたが、もう一つ、オーストリアがドイツの戦争マシーンの一部として果たした役割の責任を問う部分をきちんと取り上げなかった。

ペリンカは語る。レンナー個人の曖昧さと、戦後オーストリアの曖昧さとは相即的である。前者こそが後者を引き起こしたのではないか。さらに、レンナーはオーストリアとオーストリア人に、自国の歴史の不都合と苛酷さを回避する「裏口」を教えたのではないか、と。後年のヴァルトハイム・スキャンダルが、この矛盾を明るみに出すことになった。

こうした矛盾、曖昧さによって大きく妨げられたのは、オーストリアによる戦後の非ナチ化措置を徹底させること、さらにはナチズムのオーストリア的根源、自国における反ユダヤ主義の潮流を徹底して問うことだったのではないか、とペリンカは指摘する。

これに対して当然のことながら、レンナーを強く擁護する潮流もまた従来から存在する。（拙訳のS・ナスコ『レンナー　その蹉跌と再生』成文社　二〇一九年を参照されたい）。このレンナー論と対比しながらペリンカの「脱神話化」を読むことで、レンナー評価の幅の広さと溝の深さ、困難さを、読者もまた知ることになろう。

ペリンカは、自分の「脱神話化」に向けられた批判を、当然のことながら自覚している。付論の筆者ツヴァンダーが引き出したペリンカによる最近の発言はとても興味深い。

「私のレンナー批判は、多くの者の誤解を招いた。私の著書は、レンナーに対する讃辞にも満ちている。深い知性と状況追随的な（opportunistisch）要素を秘めた政治家は、民主主義の下で有用である」。原則に完全に忠実であることは、全体主義体制の下では実践可能だろう。だが、民主主義の下で何かを達成したいと思えば、柔軟である必要があろう、と。

ペリンカが自らのレンナー評価を微妙に変えたかもしれないことが窺える。訳者が初めて彼の

『カール・レンナー入門』を読んだ時、彼の言う「讃辞」には思い及ばず、誤解だとされる読み方しかできなかったことを思い出す。

最近のペリンカがレンナーをどのように見ているか、彼の新しい著書によって確認しておきたい。以下の二作で次のように言われる。

1. Anton Pelinka, Die gescheiterte Republik. Kultur und Politik in Österreich 1918-1938, Wien-Köln-Weimal 2017;
2. Ders., That's Politics. Gedanken zur Zweiten Republik, Wien-Hamburg 2019.

―カール・レンナー、あの政治の舞台で生き残りの術にたけた、いつも舞台に出ている人物（[der] Mann für alle Jahreszeiten）。（1 - S. 154）

―……レンナーの日和見主義としか言いようのない試み、つまり、別の［歴史解釈の］通路を仲介すること、政治的柔軟性をもって救えるものは救うこと、改良できるものは改良すること、その際、大きな成功は目指さないこと、一義的な明快さを断念すること。（フリードリヒ・アードラーは、これらをレンナーの無原則性として非難した）。（1 - S. 256）

―……レンナーにおける、いわば天分としての（genetisch）日和見主義、これが一九三八年にも、容易には正当化できないいくつかの行動につながった。（2 - S. 26）

―カール・レンナーは、ナチ体制に奉仕した。（1 - S. 141）

――卓越した理論的日和見主義者。（2 - S. 42）

上記の引用を見る限り、いまだ『カール・レンナー入門』のテーゼがほぼ踏襲されている。ツヴァンダーの記事の中で、最近のペリンカがレンナーのオポチュニズム（日和見主義、状況追随主義）の評価を、否定から肯定に微妙に変化させたのではないかと思わせるものの、我々は引き続き、『入門』で提示されたテーゼを前提に考えてよささうである。

ペリンカは、「レンナーは決して端役に甘んずることのない人物だった」というゲーラルト・シュトウルツの人物評価を、自分のレンナー論の出発点に据える。そして、レンナーを「いつも舞台に出ている人物」と規定する。いつも舞台に出ているためには、常に状況に追随する日和見主義者でなければならない。つまり固守すべき「原則」を持たない人物ということになる。オーストリア愛国主義者であるかと思えば、ドイツ民族主義者の貌を見せる。ドイツとの「合邦」に賛成するかと思えば、反対を表明する。常に軸足がぶれるように見える。

このような実践を背後で支えたのが、理論の日和見主義だと断定される。ペリンカはこの点を以下のように考える。

――レンナー理論はマルクスやレーニンと対照的に、原則として、しかも首尾一貫して帰納的であるが、実践家のレンナーは、その理論を繰り返し利用して、具体的な政治的諸措置が適正であるとし、具体的な政治行動の正当化を行う。……レンナーは眼前の状況の下で採用される具体的な行動を、理論的、マルクス主義的に正当化する傾向をいつも持っていた。

——レンナーはその帰納的な理論了解によって、再三再四、既存のものを必然と考え、より強いものを不可避と見做すことになった。したがって、彼は矛盾するものを見逃し、将来、ダイナミックな発展が可能であることを軽視するきらいがあった。だからこそ、レンナーは誤った。

ペリンカによるレンナー理論の理解からすれば、第一次世界大戦中の戦時体制への協力、ブルジョアへの接近、その後、一九三八年の「合邦」賛成表明等は、不思議でも何でもないことになる。第一次大戦中、レンナーが左派路線に賛成せず、また、一九三八年の「合邦」の前夜には「革命的社会主義者たち」が構想していた、政府と妥協してドイツに抵抗する路線を採用しなかったのは当然ということになる。

しかし、ペリンカがその動機として掲げるレンナーの強者へなびく傾向、「時代精神」への追随だけで、レンナーのその時々の選択を説明しうるとも思われない。むしろ、より強い動機、それは時代の支配的潮流がどちらに流れるか、と右顧左眄するだけではない動機が、レンナーによる決定の背後にあるのではないか？　そういう疑問が湧いてくる。しかし、ペリンカ『入門』は、これには応えてくれない。

ペリンカのレンナー解釈に果敢に挑戦した前掲S・ナスコの説明を少し見ておきたい。

ペリンカは断定する。「レンナーが世辞を言ったのはいつも、その時々の権力者、躍進する者、勝者だった」。ペリンカの目からは、支配階級への接近そのものが即、非難の対象となりそうである。ナスコはこれに対し、「レンナーがどのような任務を負っていようと、接触の目的はいつも、人々の生活状況の改善と苦しみの回避だった」と反論する。確かに支配階級への接近と取引なしに改良主義は成り立たない。

先述した一九三八年から一九四五年のオーストリアの位置づけに関して、歴史の「裏口」、つまり「歴史上の不都合と苛酷さに目を向けずにすむ戸口」をレンナーが教えた、とペリンカは非難する。これに対し、ナスコは「……一流の歴史家たちは今日一貫して、レンナーの犠牲者テーゼが国家を支える日和見主義だったと考え、……必要悪だったと見なしている」と反論する。たとえば一九四五年以降実際に、ソ連はオーストリアの占領地域から戦時賠償として、産業基盤を含む多くのもの（「ドイツ資産」）を本国に移送していった。オーストリアは重要産業の国有化でこれに対抗しようとしたが、戦時の加害者責任を当時、正面から認めていたら、この移送にさらに拍車のかかったことは想像に難くない。

さらにもう一つ、一九三八年のレンナーの行為について触れておこう。レンナーの「合邦」賛成に関して、その理由がさまざまに詮索された。①「ナチによる脅かしと威嚇」説（オットー・バウアーも当初この説を採った）。②第二次世界大戦後に広がった説で、強制収容所に収容されたオーストリア社会民主党のローベルト・ダネベルクその他を、「合邦」賛成表明の見返りに釈放する、というナチの誘いに乗った、というもの。③一九四五年になってレンナー自身が語った自己保身説。さらに第④の説として、ドイツ民族主義の立場に立った「確信犯」説。これは、問題の「合邦」賛成インタヴューが掲載された数日後、レンナーが一人の友人に向かって、自分は自分の信念にしたがって行動したのだ、とはっきり話していることによる。(これを機に友情は損なわれた)。レンナーは一九三八年五月には英国の雑誌『ワールド・レヴュー』に、自分がなぜ賛成票を投じたのか、を詳細に説明した。この中で強制による賛成表明説に反論して、自分が強いられた状態においてではなく、まったく自由に意見表明を行ったことを認めている。その際、決してナチに転向したのではないことも追加・明言した。

これまでのところ、いずれの説も決め手に欠ける。S・ナスコは先述の『レンナー　その蹉跌と再生』で、②、③、④のいずれの可能性も否定しない。なお、レンナーの「合邦」賛成表明直後より、少なからざる者たちがこの声明を「裏切り」と受け止めた。また、これが抵抗運動の出鼻をくじいた、という批判が噴出した(cf. Siegfried Nasko/Johannes Reichl, Karl Renner, Zwischen Anschluß und Europa, Wien 2000, S. 73ff.)。ペリンカによる批判は、この系譜に属する、ともいえる。

次に一九三八年一一月の序文を持つ冊子『ドイツオーストリア共和国樹立、合邦とズデーテンドイツ人、ある権利闘争の記録』が印刷見本刷りに留まったとはいえ、これもナチの宣伝政策に協力する動機に発するのではないか、とペリンカが言う。しかし、そうとは言いきれないのではないか。一九一九年のパリ講和（ヴェルサイユ条約、サン・ジェルマン条約）の欠陥は、すでに当時から批判の的だった。（ケインズの賠償に関する批判は有名）。民族問題についても、ウィルソン米国大統領の言う「民族自決の原則」が貫徹されたわけではない。問題の積み残しが数多く見られた。ズデーテンドイツ人の取り扱いもその一つである。旧オーストリア＝ハンガリー君主国のドイツ人（ズデーテン地方のドイツ人を含む）にも民族自決の原則が適用されるべきである、という講和交渉の場におけるオーストリアの主張は顧みられなかった。講和代表団団長だったレンナーが、上記冊子の中でこの点を強調したことは極めてまっとうと言える。ナスコの「……このレンナーの著作もまた、時事のテーマに関わるものであっても、その著者が結局、原則に忠実に焦眉の出来事を追いかけて行動した者であることを記録している」という発言は首肯し得る。ただ、戦間期にオーストリア社会民主党を率いてレンナーと対立したオットー・バウアーが、レンナーによる一九三八年の「合邦」賛成を批判して、一九一八・一九年に叫ばれたヴァイマール・ドイツとの「合邦」と、ナチ・ドイツによる「合邦」＝占領とを「民族自決」の名のもとに同一視する大きな誤りを犯している、と鋭く指摘したことを付記しておく。間違いなく、レンナーにはファシズム論が欠落していた。したがって、倒錯した民族主義の側面を持つナチズムを過小評価し、一九三八年の時点で民族主義そのものを最高の原理に押し上げることになった。

ここまで、いくつか重要な点をかいつまんで見てきた。刊行後三〇年を経たペリンカの『入門』は依然問題を投げかける。まだまだ、レンナーをめぐる論争に決着がつくとは思われない。ペリンカによるレンナーの「矛盾」と戦後オーストリアの孕む「矛盾」の鋭い分析に強い印象を覚えつつも、訳者がナスコのレンナー擁護に傾くことを最後に記しておく。

著者紹介

アントーン・ペリンカ（Anton Pelinka）

政治学者。一九四一年、ウィーンに生まれる。ウィーン大学で法学を学び、一九六四年、法学博士号取得。その後一時、カトリック系週刊誌『フルヘ』の編集者として働く。一九七二年、ザルツブルク大学のノルベルト・レーザー教授の下で教授資格を得る。一九七五年、インスブルック大学政治学教授に就任。二〇〇六年よりブダペストの中欧ヨーロッパ大学で政治学及びナショナリズム研究の教授を務める。二〇一八年に退官。研究の重点テーマは、民主主義論、オーストリアの政治体制・政治文化、政党・団体比較研究。著書は四〇冊にも上る。

ヴォルフガング・ツヴァンダー（Wolfgang Zwander）

ジャーナリスト。一九八四年生まれ。二〇一一年、ジャーナリズム学を修了。フリーランス記者等を経て、二〇一八年よりウィーン市住宅建設担当参事（州政府大臣に相当）の報道官を務める。

謝辞

まずは著者であるアントーン・ペリンカ教授に心よりお礼を申し上げる。訳者からの翻訳許可の問い合わせに、まさに即断で許可をくださった。また、「国父カール」の著者ヴォルフガング・ツヴァンダー氏及び掲載誌DATUM編集部も記事翻訳を快諾され、ここに併せて感謝を記す。さらに、著者ペリンカ教授のレンナーに関する最新のコメントを引き出したツヴァンダー氏の記事を訳者にご教示くださった、レンナー博物館学術主任のミヒャエル・ローゼッカー博士、表紙写真をご提供くださった同博物館アーカイヴズ部門のペーター・デーレンタール氏にも厚く御礼を申し上げる。国内では岡山大学名誉教授の太田仁樹氏に深く感謝申し上げる。今回もまたお手を煩わせた。専門のお立場から翻訳原稿に目をお通しくださり、さまざまに有益な示唆をされた。(もちろん、テキストの責任が専ら訳者にあることは言うまでもない)。

さらに成文社の南里功氏には、今回もまた多大のご支援を頂いた。これでレンナー関連の訳本は同社で三冊目となる。これまで日本でさほど一般の関心を惹くこともなかったカール・レンナーという人物に関する書籍を、丁寧にお世話くださったことに深甚の感謝を申し上げる。

皆様、ありがとうございました。

人名索引

ア行

アーデナウアー、コンラート
Adenauer, Konrad　9
アードラー、ヴィクトール・アードラー
Adler, Victor　123, 149
アードラー、フリードリヒ
Adler, Friedrich　23, 42, 48, 68, 69, 108, 112, 123, 135, 154, 167, 168
アードラー、マックス
Adler, Max　59
アウスタリツ、フリードリヒ
Austerlitz, Friedrich　61, 154
アトゥリ、クレメント
Attlee, Clement　87
アブラム、ジーモン
Abram, Simon　52
アンディクス、ヘルムート
Andics, Hellmut　126
ヴァルトハイム、クルト
Waldheim, Kurt　115, 116, 133, 161
ヴァンデルヴェルデ、エミール
Vandervelde, Emile　154
ウィルソン、ウッドロー
Wilson, Woodrow　140
ヴィンター、エルンスト
Winter, Ernst　24, 151
ヴォーダク、ヴァルター
Wodak, Walter　86, 87
エーバト、フリードリヒ
Ebert, Friedrich　10, 11, 61
エールリヒ、オイゲン
Ehrlich, Eugen　37, 150, 161
エレンボーゲン、ヴィルヘルム
Ellenbogen, Wilhelm　149
エンゲルス、フリードリヒ
Engels, Friedrich　30, 50, 58, 146, 147
オーバコフラー、ゲーアハルト
Oberkofler, Gerhard　8

カ行

カーン＝フロイント、オットー
kahn-Freund, Otto　39
カウツキー、カール
Kautsky, Karl　61, 93, 94, 95, 97, 98, 147, 154, 155
カルナー、ヨーゼフ（レンナー筆名）
Karner, Josef (Pseudonym Renners) 30
クドゥンホヴェ（クーデンホーフ）＝カレルギ、リヒャルト
Coudenhove-Kalergi, Richard　151
グルーバー、カール
Gruber, Karl　84

クーレマン、ペーター
Kulemann, Peter　7, 37, 104
クラール、アルフレート
Klahr, Alfred　24, 151
クラウス、カール
Kraus, Karl　104, 110, 117, 118, 121, 154
ケインズ、ジョン・メイナード
Keynes, John Maynard　140
ケルゼン、ハンス
Kelsen, Hans　37, 38, 39, 56, 57, 58, 59, 63, 125, 149, 151, 160, 161
コップフ、カールハインツ
Kopf, Karlheinz　128
コルマン、ヨーゼフ
Kollmann,　Josef 84
コワコフスキ、レシェク
Kołakowski, Leszek　100
ゴンパズ、サミュエル
Gompers, Samuel　154

サ行

ザーゲ、リヒャルト
Saage, Richard　151
ザイツ、カール
Seitz, Karl　73, 149
ザイペル、イグナーツ
Seipel, Ignaz　66, 123
ジーガト、ミヒャエル
Siegert, Michael　8
シェルフ、アードルフ
Schärf, Adolf　68, 73, 83, 85, 91, 112, 121, 156, 167
ジノプティクス　(レンナー筆名)
Synopticus (Pseudonym Renners) 18, 169
シャイデマン、フィリップ
Scheidemann, Philipp　61, 154
シャウスベルガー、フランツ
Schausberger, Franz　128, 129
シュヴァン、アレクサンダー
Schwan, Alexander　93, 94, 95
シュシュニク、クルト
Schuschnigg, Kurt　68, 72, 73, 108
シュタードラー、カール・R
Stadler, Karl R.　156
シュテュルク、カール・グラーフ・フォン
Stürgkh, Karl Graf von　108
シュトウルツ、ゲーラルト
Stourzh, Gerald　8, 76, 113, 114, 136
シュナイトマードル、ハインリヒ
Schneidmadl, Heinrich　68, 148
シュプリンガー、ルードルフ（レンナー筆名） Springer, Rudolf (Pseudonym Renners)　19, 82, 169
シュリーフケ
Schliefke aus Berlin-Teltow　104, 105
スターリン、ヨシフ
Stalin, Josef　21, 79, 80, 82, 83, 84, 103, 108, 112, 120, 124, 125, 126, 147, 151

タ行

ダネベルク、ローベルト
Danneberg, Robert　68, 73, 138
ダラディエ、エドゥワール
Daladier, Ēdouard　75
チェインバリン、ネヴィル
Chamberlain, Neville　75
チトー、ヨシップ・ブローズ
Tito, Josip Broz　9
チャーチル、ウィンストン
Churchill, Winston　13
ツヴァンダー、ヴォルフガング
Zwander, Wolfgang　119, 131, 132, 136, 142
ドイチュ、ハンス（後にドイチュ＝レンナー）
Deutsch, Hans (später Deutsch-Renner)　12, 76, 129
ドゥ・ゴール、シャルル
De Gaulle, Charles　9, 10
ドルフース、エンゲルベルト
Dollfuß, Engelbert　66, 80, 107, 108, 109, 123, 148, 168
トロツキー、レフ
Trotzki, Leo　79, 80

ナ行

ナイト、ロバート
Knight, Robert　89, 91
ナウマン、フリードリヒ
Naumann, Friedrich　22, 23, 43
ナスコ、ジークフリート
Nasko, Siegfried　132, 134, 137, 139, 140, 146, 150, 151
ノイバッハー、ヘルマン
Neubacher, Hermann　70

ハ行

バウアー、オットー
Bauer, Otto　20, 21, 24, 44, 53, 56, 57, 59, 62, 73, 82, 100, 123, 138, 140, 144, 147, 148, 160, 161, 168
ハッナク、ジャック
Hannak, Jacques　25, 29, 35, 56, 57, 65, 69, 70, 72, 73, 80, 81, 83, 91, 92, 152
ハルトマン、ルード・モーリツ
Hartmann, Ludo Moritz　149
ビスマルク、オットー・フォン
Bismarck, Otto von　49, 99, 146
ヒトラー、アードルフ
Hitler, Adolf　26, 74, 78, 80, 97, 103, 111,112, 113, 116, 120
フーエバー、アントーン
Hueber, Anton　149
フィーグル、レーオポルト
Figl, Leopold　116, 167
フィッシャー、エルンスト
Fischer, Ernst　85, 155
ブラウン、アードルフ
Braun, Adolf　21
ブラン、ルイ
Blanc, Louis　99, 146, 147, 154

プロフト、ガブリエーレ
Proft, Gabriele　52
ペーハム、アンドレーアス
Peham, Andreas　129
ベーベル、アウグスト
Bebel, August　147
ベヴィン、アーネスト
Bevin, Ernest　87
ペリンカ、アントーン
Pelinka, Anton　8, 50, 57, 65, 69, 91, 120, 121, 126, 130, 131, 132, 133, 134, 135, 137, 138, 139, 140, 141, 142, 145, 146
ヘルマー、オスカル
Helmer, Oskar　68, 83, 148
ベルンシュタイン、エードゥアルト
Bernstein, Eduard　99, 146, 147, 155
ヘンダスン、アーサ
Henderson, Arthur　154
ポルティシュ、フーゴ
Portisch, Hugo　131

マ行

マインル、ユーリウス
Meinl, Julius　52
マクドナルド、ラムジ
Macdonald, Ramsay　11, 152
マテイカ、ヴィクトール
Matejka, Viktor　109
マルクス、カール
Marx, Karl　30, 44, 46, 47, 48, 58, 80, 93, 94, 99, 100, 101, 103, 104, 112, 121, 136, 146, 147, 160
ムッソリーニ、ベニート
Mussolini, Benito　75
モズリ、オズワルド
Mosley, Oswald　11, 12, 152

ラ行

ラビーンバッハ、アンソン
Rabinbach, Anson　8, 66
ライヒター、ケーテ
Leichter, Käthe　73
ラウシャー、ヴァルター
Rauscher, Walter　120
ラサール、フェルディナント
Lassalle, Ferdinand　45, 49, 99, 146, 155
ラボフスキ、エードゥアルト
Rabofsky, Eduard　8
リャザーノフ、ダヴィド・ボリソヴィチ
Rjasanow, Dawid Borissowitsch　80
ルエーガー、カール
Lueger, Karl　23, 128, 144, 151
ルノーデル、ピエール
Renaudel, Pierre　154
レーザー、ノルベルト
Leser, Norbert　62, 93, 94, 95, 142, 161, 163
レーダー、ヴァルター
Reder, Walter　115, 145, 154

レーニン、ウラジーミル・イリイチ
Lenin, Wladimir Iljitsch　9, 13, 21, 61, 62, 79, 80, 82, 94, 100, 101, 126, 136, 149, 155
レーフ、ライムント
Löw, Raimund　127
レンナー、ルイーゼ（婚前シュトイチチュ）
Renner, Luise (geb. Stoicsics)　12, 122, 169
レンナー、レオポルディーネ（後にドイチュ＝レンナー）
Renner, Leopoldine (später Deutsch-Renner)　12, 169

カール・レンナー関連年表

1870　カール・レンナーは12月14日、零落した農民の（双子の）17番目ないし18番目の子供として、モラヴィアのウンター・タノヴィツ［現ドルニ・ドゥナヨヴィツェ］に生まれる。

1885　両親は農場等を失い、救貧院に移る。

1889　ニコルスブルク［ミクロフ］にてギムナージウム卒業資格を得る。引き続き1年志願兵として兵役に就く。

1890　ウィーン大学にて法学の勉強を開始。同時に補習教師・家庭教師として働く。ルイーゼ・シュトイチッチュ［後の配偶者］との関係が始まる。

1891　娘のレオポルディーネが生まれる。ウィーン近郊プルカースドルフに里子に出す。

1894　学業修了、修了資格を持つ法律家となる。『労働者新聞』に初めて記事を発表。社会民主労働者党［社会民主党と略］内で集中的に活動。

1895　ルイーゼ・シュトイチッチュと結婚。娘を手元に引き取る。［帝国］議会図書館員となり、1907年までこの地位に留まる。［正式の結婚は1897年］

1896　法学博士号を取得。［正しくは1898年］

1897　民族問題に関して初めて出版。

1899　ジノプティクスの筆名で『国家と民族』と題する冊子を刊行。後にロシア語に翻訳される。

1902　ルードルフ・シュプリンガーの筆名で『国家をめぐるオーストリア諸民族の闘争』と題する著書を出版。

1904　『法制度、特に所有の社会的機能』と題する書を刊行。ロシア語に翻訳される。同書は改訂され、1929年に『私法制度の社会的機能』

のタイトルで刊行される。この改訂版は英語とクロアチア語に翻訳される。

1907 普通・平等男性選挙権に基づいて初めて実施された国会議員選挙で、ノインキルヘン選挙区選出の議員として帝国議会衆議院に選出される。1934 年まで中断することなく議員に留まる。社会民主党理論誌『カンプフ』(Kampf) の編集部に入る。

1909 ニーダーエスタライヒ州議会に選出される。

1914 演題「法観念としての民族とインターナショナル」で講演するとともに、同名で書籍刊行。ウクライナ語に翻訳される。

1916 食糧管理庁に理事の 1 人として入庁。シリーズ記事を『オーストリアの更新』と題する 3 巻にまとめて刊行。

1917 『マルクス主義と戦争、インターナショナル』を刊行。政府が拡充された場合の大臣候補に挙げられる。レンナーに対する党内からの厳しい批判が、社会民主党大会で行われるとともに、軍事法廷では［被告の］フリードリヒ・アードラーから行われる。

1918 暫定首相に就任（首相職には 1920 年まで留まる)。

1919 サン・ジェルマンにおける講和会議のオーストリア代表団団長を務める。首相職に加え、さらに外務大臣職も引き受ける。

1920 レンナー内閣総辞職。社会民主党下野。

1922 労働者銀行の社長に就任。経済問題との一段の取り組みを、特に協同組合との関連で行う。

1927 社会民主党大会で基調演説を行い、オットー・バウアーと一線を画して自己の理論的・戦略的立場を堅持。

1930 国民議会選挙後、社会民主党は議会で相対的に最強の党となる。国民議会議長に就任。

1933 3 月 4 日の国民議会審議で、議事進行をめぐる紛糾から国民議会議長を辞任。1933 年 10 月の社会民主党大会（最後の大会）後、憲法草案を作成する。これはドルフース政権の意向を汲むとともに、社会民主党の合法的な反対活動を引き続き確保しようとするものだっ

た。
1934 内乱の最中に逮捕され、何週間も未決勾留される。
1937 パリへ旅行。フランス政府及びフリードリヒ・アードラーと接触する。
1938 既成事実となったオーストリア・ドイツ合邦への賛成を、2つのインタヴューで発言。組版にはなったが、印刷・配布されなかった冊子の中で、11月1日付けでミュンヘン協定にもろ手を挙げて賛成する。
1945 4月3日、グログニッツにて赤軍と接触。スターリン宛書簡をしたためる。暫定政府樹立。再び暫定首相に就任し、4月27日に発表された独立宣言を起草する。国民議会選挙が行われ、フィーグル／シェルフ連立政権発足後、12月20日、国会両院総会において全会一致で大統領に選出される。『オーストリア独立宣言の歴史及び共和国暫定政府設置覚書』を発表。
1946 『2つの時代の転換点にて　回顧録』を出版。
1950 80歳の誕生日からわずかして死去（12月31日も押し詰まった時刻だった）。

参考文献

カール・レンナーの重要著作

Staat und Nation. Zur österreichischen Nationalitätenfrage. Staatsrechtliche Untersuchung über die möglichen Principien einer Lösung und die juristischen Voraussetzungen eines Nationalitätengesetzes, Wien 1899 (unter dem Pseudonym Synopticus).

Die Nation als Rechtsidee und die Internationale, Wien 1914.

Marxismus, Krieg und Internationale. Kritische Studien über offene Probleme des wissenschaftlichen und des praktischen Sozialismus nach dem Weltkrieg, Stuttgart 1917.

Niederschrift, aufgenommen bei der Bundespolizeidirektion Wien am 18. Februar 1934. Allgemeines Verwaltungsarchiv (AVA), Sammulung Februar 1934, Karton 1.

Karl Renner (Hrsg.), *Die Gründung der Republik Deutschösterreich, der Anschluß und die Sudetendeutschen, Dokumente eines Kampfes ums Recht*, Wien 1938（組版にはしたが、出版用印刷には付されなかった。1冊のみ、オーストリア抵抗運動記録文書館が保管）

Denkschrift über die Geschichte der Unabhängigkeitserklärung Österreichs, 2. (Schweizer) Auflage, Zürich 1946.

Reden. Für Recht und Frieden. Eine Auswahl der Reden des Bundespresidänten Dr. Karl Renner, heraugegebn von der Österreichischen Bundesregierung, Wien 1950 [1951?].

Österreich von der Ersten zur Zweiten Republik, Wien 1953.

Das Weltbild der Moderne, Wien 1954.

Die Rechtsinstitute des Privatrechts und ihre soziale Funktion. Ein Beitrag zur Kritik des bürgerlichen Rechts. Mit einer Einleitung und Anmerkungen von

Otto Kahn-Freund, Stuttgart 1965
Mensch und Gesellschaft, Grundriß einer Soziologie, 2. Auflage, Wien 1965.

引用文献

Ernst Fischer, *Das Ende einer Illusion. Erinnerungen 1945-1955*, Wien 1973.

Jacques Hannak, *Karl Renner und seine Zeit. Versuch einer Biographie*, Wien 1965.

Hans Kelsen, *Sozialismus und Staat. Eine Untersuchung der politischen Theorie des Marxismus*, 3. Auflage, Wien 1965.

Robert Knight (Hrsg.), *>Ich bin dafür, die Sache in die Länge zu ziehen.<* Die Wortprotokolle der Österreichischen Bundesregierung von 1945-52 über die Entschädigung der Juden, Frankfurt 1988.

Karl Kraus, *Die letzten Tage der Menschheit. Tragödie in fünf Akten mit Vorspiel und Epilog*, in: Die Fackel, Wien 1919.

Peter Kulemann, *Am Beispiel des Austromarxismus. Sozialdemokratische Arbeiterbewegung in Österreich von Hainfeld bis zur Dollfuß-Diktatur*, Hamburg 1979.

W. I. Lenin, *Werke*, Bd. 28, Juli 1918-März 1919, Berlin (DDR) 1975.

Norbert Leser, *Die Odysee des Maxismus. Auf dem Weg zum Sozialismus*, Wien 1971.

Gerald Stourzh, *Kleine Gschichte des Staatsvertrages*. Mit Dokmententeil, Graz 1975.

Walter Wodak, *Diplomatie zwischen Ost und West*, Graz 1976

［訳者追記　最近のレンナー伝記］

Walter Rauscher, *Karl Renner: Ein österreichischer Mythos*, Wien 1995.

Richard Saage, *Der Erste Präsidänt. Karl Renner – eine politische Biografie*, Wien 2016.

Siegfried Nasko, *Karl Renner. Zu Unrecht umstritten? Eine Wahrheitssuche. Bio-*

grafie, Salzburg-Wien 2016（一部の章を除く邦訳が、『カール・レンナー　1870-1950』（2015 年）及び『カール・レンナー　その蹉跌と再生』（2019 年）の 2 冊で刊行されている。共に成文社）

原注

一、カール・レンナーという人物の重要性

1 レンナーの伝記については、特に以下を参照のこと。Karl Renner, An der Wende zweier Zeiten. Lebenserinnerungen, Wien 1946; Jacques Hannak, Karl Renner und seine Zeit. Versuch einer Biographie, Wien 1965.

2 Norbert Leser, Karl Renner und Leopoldine Deutsch-Renner (1891-1977), in Norbert Leser, Genius Austriacus. Beiträge zur politischen Geschichte und Geistesgeschichte Österreichs, Wien 1986, S. 187-200.

3 レンナーのこの「まともさ」に、ノルベルト・レーザーは留意する。Norbert Leser, Karl Renner und Leopoldine Deutsch-Renner (1891-1977), a.a.O., S. 188f.

4 Karl Renner, Mensch und Gesellschaft, Grundriβ einer Soziologie, 2. Auflage, Wien 1965.

二、民族を問う

1 伝記的事項については、特に以下を参照のこと。Karl Renner, An der Wende zweier Zeiten. Lebenserinnerungen, Wien 1946; Jacques Hannak, Karl Renner und seine Zeit. Versuch einer Biographie, Wien 1965.

2 Karl Renner. Eine Bibliographie, heraugegebn vom Verein für Geschichte der Arbeiterbewegung, Wien 1970.

3 1897 年及び 1898 年に匿名で出版された冊子は以下のものである。
Die Verfassung als die Quelle des Nationalitätenhaders in Österreich. Studie eines Patrioten, Wien 1897.
Grundzüge für eine endgültige Lösung der Nationalitätenfrage in Österreich. Ideen und Betrachtungen eines Patrioten, Wien 1897.
Ergänzung der Verfassung Österreichs. Ein Antrags-Entwurf zur Nationalitä-

tenfrage, verfaβt und begründet von einem Patrioten, Wien 1898.

4 Rudolf Springer (Karl Renner), Grundlagen und Entwicklungsziele der Österreichisch-Ungarischen Monarchie. Politische Studie über den Zusammenbruch der Privilegienparlamente und die Wahlreform in beiden Staaten, über die Reichsidee und ihre Zukunft, Wien 1906.

5 Josef Stalin, Marxismus und nationale Frage, in: Werke, Band 2, Berlin (DDR) 1950, S. 266-333. [『マルクス主義と民族問題』、『スターリン全集』第2巻（大月書店　1952年）所収、323-410ページ]

6 Hannak, a.a.O., S. 152.

7 Hans Mommsen, Die Sozialdemokratie und die Nationalitätenfrage im habsburgischen Vielvölkerstaat, Wien 1963, S. 389-422; Fritz Kaufmann, Sozilademokratie in Österreich, Idee und Geschichte einer Partei. Von 1898 bis zu Gegenwart, Wien 1978, S. 42-46.

8 Kaufmann, a.a.O., S. 45.

9 Hannak, a.a.O., S. 219-222.

10 引用は Hannak, S. 292f. より。

11 Friedrich Adler vor dem Ausnahmegericht. 18. und 19. Mai 1917, heraugegeben und eingeleitet von J. W. Brügel, Wien 1967, S. 98.

12 Friedrich Adler vor dem Ausnahmegericht, a.a.O., S. 96.

13 Friedrich Adler vor dem Ausnahmegericht, a.a.O., S. 100 und S. 180.

14 Friedrich Adler vor dem Ausnahmegericht, a.a.O., S. 98.

15 Ernst Panzenböck, Ein deutscher Traum. Die Anschluβidee und Anschluβpolitik bei Karl Renner und Otto Bauer, Wien 1985, S. 160-169.

16 オーストリア・ネーション（民族）観念の発展の歴史的背景については以下を参照。Fritz Klenner, Eine Renaissance Mitteleuropas. Die Nationwerdung Österreichs, Wien 1978; Friedrich Heer, Der Kampf um die österreichische Identität, Wien 1981; Ernst Bruckmüller, Nation Österreich. Sozialhistorische Aspekte ihrer Entwicklung, Wien 1984; Felix Kreissler, Der Österreicher und seine Nation. Ein Lernprozeβ mit Hindernissen, Wien 1984; Albrecht F.

Reiterer (Hg.), Nation und Nationalbewuβtsein in Österreich, Wien 1988.

17 以下を参照。Hannak, a.a.O., S. 717f.; Karl Renner, Eine Bibliographie, a.a.O., S. 102.

三、法を問う

1 以下を参照。Leszek Kołakowski, Die Hauptströmungen des Marxismus. Entstehung – Entwicklung – Zerfall, Bd. 2, München 1978, S. 294.「彼（レンナー）は国家・法理論及び民族問題に関する著作によって著名になった。……党の政策に関して彼の立場は初めから、バウアーと比べて、はるかにドイツ修正主義者に近かった。彼が強調したのは、労働者階級は成果を、たとえそれが部分的であっても評価すべきこと、心すべきは、国家統治に参加し徐々にそれを広げることであり、暴力的な転覆ではないことだった」。

2 「待機主義」という概念は、オットー・バウアーに遡る。以下を参照。Norbert Leser, Die Odysee des Marxismus. Auf dem Weg zum Sozialismus, Wien 1971, S. 136. レンナーの位置づけについては、同じくレーザーの以下の書を参照。Zwischen Reformismus und Bolschewismus. Der Austromarxismus als Theorie und Praxis, Wien 1968, S. 23-169.

3 Jacques Hannak, Karl Renner und seine Zeit. Versuch einer Biographie, Wien 1965, S. 114.

4 オイゲン・エールリヒとハンス・ケルゼンの精神史・社会史的重要性については以下を参照。William M. Johnston, Österreichische Kultur- und Geistesgeschichte. Gesellschaft und Ideen im Donauraum 1848-1938, Wien 1974, S. 101-112.［邦訳『ウィーン精神』（井上・岩切・林部 訳 みすず書房）133-134 ページ］

5 この点に関して、ハンス・ケルゼンによるカール・レンナーの著作評価を参照。Hans Kelsen, Sozialismus und Staat. Eine Untersuchung der politischen Theorie des Marxismus, 3. Auflage, Wien 1965, S. 104f.「このオーストリア人（レンナー）は、次のような社会主義著作家の第一人者である。

それは国家を社会工学（soziale Technik）の不可欠の手段として認識し、この認識に明確な表現を与える者である。……　ただ、こうした表現がすべて的を射ているとしても、レンナーがマルクスを援用するのは間違っている」［参照 長尾龍一訳 木鐸社 1976 年 100 ページ］

6 ハンス・ケルゼンの政治に対する関係は、それに距離を置く、といったものではないことは言うまでもない。第 1 次世界大戦中、ケルゼンは軍事機構の中で法律専門家として明確に「政治的」役割を演じた。彼は最後の国防大臣の顧問だった。その任務において、彼の法思想の「価値自由」と、軍事独裁の様相を帯びた機能とが結びついていた。この点については以下を参照。Gerhard Oberkofler/Eduard Rabofsky, Hans Kelsen im Kriegseinsatz der k.u.k. Wehrmacht. Eine kritische Würdigung seiner militärtheoretischen Angebote, Frankfurt/M. 1988.

7 Karl Renner, Die Rechtsinstitute des Privatrechts und ihre soziale Funktion. Ein Beitrag zur Kritik des bürgerlichen Rechts, Stuttgart 1965, S. 3.

四、国家を問う

1 戦争勃発に際しオーストリア社会民主党が取った態度については以下を参照。Ludwig Brügel, Geschichte der österreichischen Sozialdemokratie, Bd. 5, Wien 1925, S. 169-182.

2 Jacques Hannak, Karl Renner und seine Zeit. Versuch einer Biographie, Wien 1965, S. 232-247.

3 オットー・バウアーとカール・レンナーの理論的関係については以下を参照。Norbert Leser, Zwischen Reformismus und Bolschewismus. Der Austromarxismus als Theorie und Praxis, Wien 1968, S. 161-169.

4 この点に関しては以下を参照。Hannak, a.a.O., S. 279 及び　Peter Kulemann, Am Beispiel des Austromarxismus. Sozialdemokratische Arbeiterbewegung in Österreich von Hainfeld bis zur Dollfuβ-Diktatur, Hamburg 1979, S. 175-177.

5 Kulemann, a.a.O., S. 179f.

6 Hannak, a.a.O., S. 279-287.

7 Hannak, a.a.O., S. 289.

8 1918 年革命の頃の社会民主党による修辞と実践については Brügel, a.a.O., S. 361-366 を参照。

五、民主主義を問う

1 オーストリアにおける 1918 年の社会政治情勢一般に関しては以下を参照。Erwin Weissel, Die Ohnmacht des Siegs. Arbeiterschaft und Sozialisierung nach dem Ersten Weltkrieg in Österreich, Wien 1976; Emmerich Talos, Staatliche Sozialpolitik in Österreich. Rekonstruktion und Analyse. Wien 1981, S. 143-248. 1918 年から 1920 年にかけての社会的パートナーシップの端緒については以下を参照。Rainer Nick/Anton Pelinka, Bürgerkrig – Sozialpartnerschaft. Das politische System Österreichs. 1. und 2. Republik. Ein Vergleich, Wien 1983, S. 74-83.

2 Jacques Hannak, Karl Renner und seine Zeit. Versuch einer Biographie, Wien 1965, S. 335.

3 この憲法の特徴づけに関しては以下を参照。Rainer Nick/Anton Pelinka, Parlamentarismus in Österreich, Wien 1984, S. 41.

4 Hannak, a.a.O., S. 351f.

5 Hannak, a.a.O., S. 381-387.

6 「政府社会主義」概念については以下を参照。Anton Pelinka, Sozialdemokratie in Europa. Macht ohne Grundsätze oder Grundsätze ohne Macht?, Wien 1980, S. 98-112.

7 Hannak, a.a.O., S. 403.

8 この点については以下を参照。Manfried Welan, Die österreichische Bundesverfassung als Spielgelbild der österreichischen Demokratie, in: Anton Pelinka/ Manfried Welan, Demokratie und Verfassung in Österreich, Wien 1971, S. 21-58.

9 これについては以下を参照。Hans Kelsen, Demokratie und Sozialismus.

Ausgewählte Aufsätze, Wien 1967, S. 36-39.

10 Hannak, a.a.O., S. 451.

11 Hannak, a.a.O., S. 453.

12 Karl Renner. Eine Bibliographie, heraugegebn vom Verein für Geschichte der Arbeiterbewegung, Wien 1970, S. 74-101.

13「経済民主主義」構想をめぐるオーストリアにおける議論並びにレンナーの議論参加については Weissel, a.a.O., S. 383-386 を参照。

14 Norbert Leser, Karl Renner als Theoretiker des Sozialismus und Marxismus, in: Wissenschaft und Weltbild. Festschrift für Hertha Firnberg, heraugegeben von Wolf Frühauf, Wien 1975, S. 460.

15 Otto Bauer, Die österreichische Revoltion, Wien 1923.

16 Norbert Leser, Zwischen Reformismus und Bolschewismus. Der Austromarxismus als Theorie und Praxis, Wien 1968, S. 33-49 und S. 567f.

17 Für Recht und Frieden. Eine Auswahl der Reden des Bundespresidänten Dr. Karl Renner, heraugegebn von der Österreichischen Bundesregierung, Wien 1950, S. 113-222. この演説集のほかに、レンナーの国会演説を集めた別のものが存在する。Karl Renner, Portrait einer Revolution［正しい書名は Karl Renner, Porträt einer Evolution］herausgegeben von Heinz Fischer, Wien 1970.

18 Karl Renner, Mensch und Gesellschaft, Grundriβ einer Soziologie, 2. Auflage, Wien 1965, S. 307-314.

19 Hans Kelsen, Vom Wesen und Wert der Demokratie, 2. Auflage, Aalen 1963.

六、受動あるいは日和見主義と国内亡命

1 Jacques Hannak, Karl Renner und seine Zeit. Versuch einer Biographie, Wien 1965, S. 540.

2 Hannak, a.a.O., S. 577-582.

3 Hannak, a.a.O., S. 589. Peter Kulemann, Am Beispiel des Austromarxismus. Sozialdemokratische Arbeiterbewegung in Österreich von Hainfeld bis zur

Dollfuβ-Diktatur, Hamburg 1979, S. 376.

4 Hannak, a.a.O., S. 602f.

5 Anson Rabinbach, The Crisis of Austrian Socialism. From Red Vienna to Civil War. 1927-1934, Chicago 1983, S. 148-150.

6 1934年2月18日の尋問調書。Anson Rabinbachより写しを提供される。

7 Ebda.

8 社会主義陣営の「非合法性」については以下を参照。Otto Leichter, Zwischen zwei Diktaturen. Österreichische Revolutionäre Sozialisten 1934-1938, Wien 1968; Everhard Holmann, Zwischen Unterdrükung und Befriedung. Sozialistische Arbeiterbewegung und autoritäres Regime in Österreich 1933-1938, München 1978.

9 Hannak, a.a.O., S. 609f.

10 Hannak, a.a.O., S. 636f.

11 Ernst Panzenböck, Ein deutscher Traum. Die Anschluβidee und Anschluβpolitik bei Karl Renner und Otto Bauer, Wien 1985, S. 203-205.

12 Walter Wodak, Diplomatie zwischen Ost und West, Graz 1976, S. 162f.

13 Leichter, a.a.O., S. 396-398.

14 Panzenböck, a.a.O., S. 196.

15 Hannak, a.a.O., S. 655.

16 原稿を組版には組んだものの出版されなかった1部が、オーストリア抵抗記録文書館に存在する。これについては以下を参照。Gerald Stourzh, Wandlung des Österreichsbewuβtseins im 20. Jahrhundert und das Modell der Schweiz, in: Friedrich Koja/Gerald Stourzh (Hrsg.), Schweiz – Österreich. Ähnlichkeiten und Kontraste, Wien 1986, S. 22.

17 最終的には出版されなかったこの著書の歴史に関しては以下を参照。Raimund Löw, Wie Karl Renner Österreich verriet, in: Neues Forum 286, Oktober 1977, S. 33-37.

18 Eine wenig bekannte Arbeit Renners. In: Weg und Ziel, Dezember 1950, S. 836ff. さらに Eduard Rabofsky, Renner und die Sudetenfrage, in: Volksstim-

me vom 19. Oktober 1986.

19 Gerald Stourzh, Diskussionsbeitrag, in: Dr. Karl Renner–Symposium 1983 und 1984, Schriftenreihe des Arbeitskreises “Dr. Karl Renner”, Heft 3 und 4, Wien 1985, S. 81.

七、国父

1 Karl Renner, Denkschrift über die Geschichte der Unabhängigkeitserklärung Österreichs, Zurich 1946, S. 9.

2 Renner, Denkschrift, a.a.O., S. 10.

3 Renner, Denkschrift, a.a.O., S. 11.

4 Renner, Denkschrift, a.a.O., S. 18.

5 Josef Stalin, Marxismus und Nationale Frage, in: Josef Stalin, Werke, Bd. 2, Berlin (DDR) 1950, S. 266-333.［『マルクス主義と民族問題』、『スターリン全集』第 2 巻（大月書店　1952 年）所収、323-410 ページ］

6 アードルフ・シェルフをきわめて慎重に、かつ好意的に分析したカール・シュタードラーは、亡命した社会主義者たちをめぐるシェルフの態度を検討して次の結論に至った。「しばしば表明される疑念、つまり、たいていはユダヤ人である亡命者たちを帰還させるにあたり、新たな反ユダヤ主義を助長しないため非常に慎重に立ち回ったのではないか、という疑惑は、資料によって裏付けられもせず、また否定されもしない」。Karl R. Stadler, Adolf Schärf. Mensch – Politiker – Staatsmann, Wien 1982, S. 246. 非合法生活から復帰する革命的社会主義者たちに関する社会党首脳部の政策については以下を参照。Peter Pelinka, Erbe und Neubeginn. Die Revolutionären Sozialisten in Österreich 1934-1938, Wien 1981, S. 254f.

7 自らが率いる暫定政府の承認を特に渋る英国政府を、何とか動かそうとしたレンナーの努力については以下を参照。Walter Wodak, Diplomatie zwischen Ost und West, Graz 1976, S. 170-176. さらに Guy Stanley, Die britische Vorbehalte gegenüber der Provisorischen Regierung Renner 1945, in:

Zeitgeschichte /1975, S. 38-46.

8 Jacques Hannak, Karl Renner und seine Zeit. Versuch einer Biographie, Wien 1965, S. 677.

9 Adolf Schärf, Zwischen Demokratie und Volksdemokratie, Wien 1950, insbsondere S. 31.

10 Wodak, a.a.O., S. 188f.

11 この点についてはエルンスト・フィシャーの態度を参照。フィシャー著 Das Ende einer Illusion. Erinnerungen 1945-1955, Wien 1973, S. 65-85.

12 Karl Renner, Österreich von der Ersten zur Zweiten Republik, Wien 1953, S. 203f.

13 1945 年以降のレンナーによる多くの演説、出版物は、以下の選集に収載されている。Für Recht und Frieden. Eine Auswahl der Reden des Bundespräsidenten Dr. Karl Renner, heraugegben von der Österreichischen Bundesregierung, Wien 1950.

八、レンナー　社会民主主義者の一つの類型

1 Alexander Schwan, Theorie als Dienstmagd der Praxis. Systemwille und Parteilichkeit – von Marx zu Lenin, Stuttgart 1983, S. 137.

2 カウツキーに関しては以下の書を参照。Leszek Kołakowski, Die Hauptströmungen des Marxismus. Entstehung – Entwicklung – Zerfall, Bd. 2, München 1978, S. 43-75.

3 ルイ・ブランについては上掲書第 1 巻を参照。247-249 ページ。

4 フェルディナント・ラサールについては同書第 1 巻を参照。271-278 ページ。

5 エードゥアルト・ベルンシュタインについては同書第 2 巻を参照。117-134 ページ。

6 10 月革命前のこうした論難の例としては以下を参照。W. I. Lenin, Thesen zur nationalen Frage, in: Werke Bd. 19, Berlin (DDR) 1973, S. 237f. 10 月革命後の論難例としては同じくレーニンを参照。Über “Demokratie”

und Diktatur, in: Werke, Bd. 28, Berlin (DDR) 1975, S. 374-393. この論文でレンナーは繰り返し、シャイデマン、カウツキー、アウスタリッツ、ゴンパズ、ヘンダスン、ルノーデル、ヴァンデルヴェルデと一緒くたにされている。彼らは皆、社会主義革命への裏切り者として烙印を押されている。

7 Kołakowski, a.a.O., Bd. 2, S. 293f.

8 Anton Pelinka, Sozialdemokratie in Europa. Macht ohne Grundsätze oder Grundsätze ohne Macht?, Wien 1980, S. 25-35.

9 「政府社会主義」概念については、Pelinka 上掲書 S. 98-112 を参照。

九、レンナー　オーストリア人の一つの類型

1 フリードリヒ・アードラーに関しては以下を参照。Rudolf G. Ardelt, Friedich Adler. Probleme einer Persönlichkeitsentwicklung um die Jahrhundertwende, Wien 1984.

2 Viktor Matejka, Widerstand ist alles. Notitzen eines Unorthodoxen, Wien 1984, S. 79f. und S. 185f.

3 Karl Kraus, Die Dritte Walpurgisnacht, München 1955. この遺作の主要部分は、すでにカール・クラウスの存命中、『ファッケル』に発表されていた。

4 Gerald Stourzh, Kleine Gschichte des Österreichischen Staatsvertrages. Mit Dokmententeil, Graz 1975, S. 121.

5 「レーダー事件」の前史については以下を参照。Walter Hacker, Die Einbürgerer sind unter uns, in: Warnung an Österreich. Neonazismus: Die Vergangenheit bedroht die Zukunf, herausgegeben von Walter Hacker, Wien 1966, S. 141-145. レーダーの名前が何度も挙げられる以下のものも参照。Rechtsextremismus in Österreich nach 1945, Herausgeber: Dokumentationsarchiv des Österreichischen Widerstandes, 5. Auflage, Wien 1981; Verdrängte Schuld, verfehlte Sühne. Entnazifizierung in Österreich 1945-1955, herausgegeben von Sebastian Meissl, Klaus-Dieter Mulley und Oliver Rathkolb, Wien

1986.

6 「ヴァルトハイム事件」に関しては特に以下を参照。Hanspeter Born, Für die Richtigkeit Kurt Waltheim, München 1987; Robert Edvin Herzstein, Waltheim – The Missing Years, New York 1988; Bernard Cohen/Luc Rosenzweig, Die Waltheim-Komplex, Wien 1987; Andreas Khol/Theodor Faulhaber/Günter Ofner (Hrsg.), Die Kampagne. Kut Walheim – Opfer oder Täter?, München 1987; Kurt Waltheims Kriegsjahre. Eine Dokmntation, Wien 1987; Milo Dor (Hrsg.), Die Leiche im Keller. Dokumente des Widerstandes gegen Dr. Kurt Waltheim, Wien 1988.

訳注

一、カール・レンナーという人物の重要性

① 1888・89年に結党された社会民主労働者党は、1945年に社会党として再建され、1991年には社会民主党と改名された。なお、本訳書では社会民主労働者党も社会民主党と略称する。

② Ramsay MacDonald　英国の政治家（1866-1937)。3度にわたり首相を務める。2度（1924及び1929）の労働党内閣で首相。最後（1931）は自由・保守両党と挙党内閣を組閣して1935年まで首相。

③ マクドナルドの首相在任期間については、上記訳注②を参照。

④ Oswald Mosley 英国の政治家（1896-1980)。1924年、保守党から労働党に移る。第2次労働党内閣に入閣（1929-1930)。1931年に脱党して1932年、英国ファシスト連盟を結成。

⑤ 第2次世界大戦末期、レンナーがナチの殺害リストに挙げられていたことが、戦後になって判明した。参照 Siegfried Nasko, Karl Renner. Zu Unrecht umstritten? Eine Wahrheitssuche. Biografie, Salzburg-Wien 2016, S. 358（拙訳『カール・レンナー　その蹉跌と再生』(成文社　2019年)、271ページ。

⑥ より正確に言えば、レンナーが1895年に見習いとして就職した帝国議会図書館員に正式採用されるに当たり、同棲婚が障碍となったため、1897年に正式に結婚した。なお、法学博士号取得は1898年である。

二、民族を問う

① 印刷見本としては残るが､書籍として印刷･配布されることはなかった。したがって、ナチによる「容認」は間違いないとしても、「推奨」云々は正確とは言い難い。

② Jacques Hannak はその浩瀚なレンナー伝（1965年）で、法学博士号取

得を1896年としていた。しかし、新しい伝記（S・ナスコ及びR・ザーゲ）によれば、取得は1898年である。

③ 労働者階級の国際連帯による戦争阻止を訴えていた社会主義者たちが、「祖国防衛」と戦争賛成に回ったことで生まれた言葉。社会主義の愛国者の意。

④ Isaac Deutscherの『スターリン伝』(”Stalin”, Penguin Books 1990 [reprint])あるいはMaximilien Rubel作成の年譜(”Stalin”, Reinbek 1975)によれば、スターリンのウィーン滞在は1913年1月とされている。因みに記せば、『マルクス主義と民族問題』を収載した『スターリン全集』第2巻（大月書店　1952年）でも、ウィーン滞在時期とこの著作の執筆時期とについて二様の説明が見られる。439ページの注（127）では、執筆時期を1912年12月末から翌年初めとしているのに対し、年譜（467ページ）では、ウィーン到着を1913年1月後半、上記論攷（元々のタイトルは「民族問題と社会民主党」）を執筆したのは1913年1月としている。

⑤ Karl Lueger（1844-1910）。キリスト教社会党の党首（1893年就任）でウィーン市長（1897年就任）。下流中間層に訴え、反ユダヤ主義を標榜したポピュリスト。

⑥ Ernst Karl Winter社会学者、哲学者、政治ジャーナリスト（1895-1959）。オーストロ・ファシズム下にあった1934年-36年、ウィーン副市長を務め、体制と社会民主党傘下の労働者との融和に努力。1936年に復古主義者（Legitimist）、「オーストリア民族」支持者として非難され、ドイツ民族主義勢力により排除される。1938年のヒトラー・ドイツによる「合邦」直前、スイス経由で米国亡命に成功。1955年、帰国。カトリック信仰とプラトン哲学を基に反ナチを標榜し、独立オーストリアを訴える。その思想は、汎ヨーロッパ運動創始者のクドゥンホーヴェ（クーデンホーフ）＝カレルギに影響を与える。

⑦ Alfred Klahrジャーナリスト、オーストリア共産党の理論家（1904-1944）。ウィーン大学でハンス・ケルゼン等の下、国家学を学び、1928年に博士号取得。1934年の内乱以降、チェコ、ベルギー、フランス、

スイスに滞在（一部、非合法）。1937年、共産党機関誌に発表したシリーズ記事「オーストリアにおける民族問題」で「固有のオーストリア民族」理論の基礎を打ち立てる。1942年、仏・ヴィシー政府によりドイツに引き渡され、アウシュヴィッツに送られる。1944年6月、逃亡に成功するも、翌月、ワルシャワでナチ親衛隊に殺される。

⑧ このインタヴュー全体の訳は、ナスコ著（拙訳）『カール・レンナー 1870-1950』（成文社　2015年）122-125ページを参照されたい。

⑨「ナチズムに接近する」という表現が、レンナーによるナチズムへの同意と解される恐れがあるので、ここであらかじめ、レンナー自身の反論を引用しておこう。1938年5月に英国誌『ワールド・レヴュー』の中で述べる。自分は『新ウィーン日報』紙（同年4月3日）のインタヴューで、合邦賛成を社会民主主義者として表明する、と付言した。この付言は、自分がナチズムに改宗したのではないか、と誤解されることをあらかじめ避けるためだった、と。レンナーは他の多くの合邦賛成者のようにナチズムの礼賛を行わなかったし、自分とナチズムとの間にはっきりと一線を画していた。Cf. Siegfried Nasko, Karl Renner in Dokumenten und Erinnerungen, Wien 1982, S. 133-137.

⑩ この演説は1947年11月に行われた。

⑪ ネーション：「民族」とも「国民」とも訳し得る語である。1943年以降のレンナーの用法では、「オーストリア・ネーション」の語は「ドイツ民族から切り離された、独自のオーストリア国民」というニュアンスを持つ。したがって、「国民」とはせず、「ネーション」のままに置く。

三、法を問う

① Eugen Ehrlich オーストリアの法学者（1862-1922）。チェルノヴィツ（現ウクライナ、チェルニウツィー）大学で教鞭を取る（1899-1914）。法社会学の創始者の1人。法の発展は、立法あるいは法学を通してではなく、むしろ社会の発展による、と主張。法学の目的は、第1次規範である「生ける法」（社会を秩序づける行為規範）を裁判規範化することである、とする自由法論の提唱者。

② Hans Kelsen オーストリアの法学者（1881-1973）。1919年、ウィーン大学公法・行政法教授就任。第1次オーストリア憲法を起草。ケルン、ジュネーヴで教えた後、1940年、米国へ亡命。事実・存在と規範・当為を厳密に区分し、規範に関する認識の学である純粋法学を唱える。

四、国家を問う

① 1914年3月7日にウィーン大学で行われた「社会主義学生自由連合」主催のレンナー講演の演題である。同年に同じ題名で増補・出版された。Cf. Verein für Geschichte der Arbeiterbewegung (Hrsg.), Karl Renner. Eine Bibliographie, Wien 1970, S. 59.

② 1917年ストックホルム平和会議（準備会合）における招請委員会とオーストリア代表団との討議（同年5月25日・26日）に関するプレス・リリースによれば、ストックホルムに向かったのは、V・アードラー、K・ザイツ、K・レンナー、L・ハルトマン、W・エレンボーゲン（以上、帝国議会議員）、A・フーエバー（労働組合代表）だった。オーストリア＝ハンガリー政府は、社会民主党の代表者たちが同地でロシア政府関係者と接触して和平の可能性を探ることを期待した。だが、これは実現しなかった。Cf. Peter Kulemann, Am Beispiel des Austromarxismus. Sozialdemokratische Arbeiterbewegung in Österreich von Hainfeld bis zur Dollfuβ-Diktatur, Hamburg 1979, S. 179; https://socialhistoryportal.org/stockholm1917/documents (Document No. P/21, P/22 & P/22a)

五、民主主義を問う

① 正式名称は「国家権力の基本諸機関に関するドイツオーストリア暫定国民議会の1918年10月30日の決議」（官報1918の1）である。

② この法は「ドイツオーストリアの国家形態・政府形態に関する1918年11月12日の法律」（官報1918の5）である。

③ V・I・レーニン「『民主主義』と独裁について」を参照されたい。『レーニン全集』第28巻（大月書店　1968年）所収、引用部分は396-398ペー

ジ。但し、本書の訳はドイツ語版より。

④ オットー・バウアー『オーストリア革命』の「階級諸力間の均衡時代」と題する章、特に「人民共和国」の節を参照。Otto Bauer, Werkausgabe Bd. 2, Wien 1976, S. 802ff.

六、受動あるいは日和見主義と国内亡命

① 1927 年 1 月、ブルゲンラント州シャッテンドルフで社会民主党の準軍事組織、共和国防衛同盟と保守系の準軍事組織、護国団とが衝突して、防衛同盟側の 2 名が殺された。1927 年 7 月 14 日、証拠不十分により被告の無罪判決が出る。その翌日、判決に抗議する労働者の大規模なデモが起き、デモ隊が司法会館に放火し炎上させた。デモを鎮圧しようとする警官隊が発砲して、100 名近くの死者と 1000 名を越える負傷者を出した。

② 1933 年 3 月 4 日の国会審議で、鉄道労働者のストライキをめぐって政府が票決に敗れ、与党側から、その票決に手続きの誤りがあった、と申し立てが行われた。社会民主党はレンナーに国会議長を辞任させて 1 票を確保し、票決を有利に運ぼうとしたが、思いがけないブーメラン効果を招来した。ふたりの副議長もまた次々と辞任したのである。「中断された審議」を再開しようとする試みは、首相のドルフースが警官隊を導入したことにより成功しなかった。首相はもはや議会を必要とせず、その承認を要しない緊急令で統治する独裁路線を選択したからである。

③ レンナーが社会民主党の了解を取り付けて作成した法案は「国家緊急事態法」で、独裁に突き進むドルフース政権に少なくとも合法性の体裁だけは確保しようとするものだった。レンナーは 1934 年 2 月初旬に、議会を救済する行動を州のレベルで開始したが、それは 1934 年 2 月 12 日の内乱で潰え去った。

④ ニーダーエスタライヒ州の社会民主党指導部では、レンナーと意見を同じくするＯ・ヘルマーやＨ・シュナイトマードルなどの同党右派が

優勢だったので、この呼び名がある。

⑤ バウアーの「合邦後」と題する文章から引用する。「併合を、我々がかつてそのために闘った合邦の実現だとする者は、望むと望まざるとにかかわらず、ヒトラーの下僕に成り下がる者であり、それによってオーストリアにおけるプロレタリアートの社会主義から自己を明確に区分する者である」(Otto Bauer, Werkausgabe, Bd. 9, S. 855)

七、国父

① ソ連の軍隊に「赤軍」、「ソ連軍」という2つの表現が使われるが、訳文で統一することはしなかった。

② スターリンのウィーン滞在時期については、訳注二の④を参照。

③ 1920年憲法では政治権力が議会に集中していたが、29年の修正憲法では行政の権限を議会に対して強め、国民による大統領直接選挙を導入して、大統領に首相任命権を付与したことである。

八、レンナー　社会民主主義者の一つの類型

① Karl Kautsky ドイツ社会民主党の理論家・政治家(1854-1938)。1875年、オーストリア社会民主党に入党。1881年にロンドンでマルクス、エンゲルスの知遇を得る。1883年、ドイツ社会民主党機関誌『ノイエ・ツァイト』を創刊、編集(1917年まで)。1891年、エアフルト綱領草案を起草。エンゲルスの死後、ベーベルとともに社会民主党の主導権を握り、ベルンシュタインの修正主義に反対、正統派マルクス主義を擁護。1917年、党の戦争支持に反対して独立社会民主党に移る。1922年、復帰。1924年、引退してウィーンに戻る。1938年、ナチ・ドイツによるオーストリア併合後、アムステルダムに逃れ、同地で客死。

② Louis Blanc フランスの社会主義者・政治家(1811-1882)。その著『労働組合論』で有名となり、1840年代の労働運動に影響を及ぼす。1848年2月革命で臨時政府に入閣。同年6月蜂起後、英国亡命。1870年に帰国、国会議員となる。国家主導の社会作業場、金融機関国有化、普

通選挙を主張し、暴力革命を否認した。

③ Ferdinand Lassalle ドイツの労働・社会主義運動の指導者（1825-1864）。1845 年、パリでルイ・ブランの主張を知る。1848 年より 50 年代を通じてマルクスと交流、その後、離れる。1863 年、普通選挙を求める全ドイツ労働者同盟を設立。労働者階級解放のために国家補助による生産組合を提唱。ビスマルクに接近してプロイセン国家を信奉。レンナーの国家観に影響を与えたと考えられる。

④ Eduard Bernstein ドイツの社会民主主義者で修正主義の代表者（1850-1932）。1872 年、社会民主労働者党に入党。1875 年、同党がラサール派と合同した社会民主党のメンバーとなる。1878 年、成立した社会主義者鎮圧法のためスイスに渡り、1888 年、さらにロンドンに移る。同地でエンゲルスと交流。世紀転換頃より英国フェビアン協会の影響下にマルクス主義に懐疑的となり、1891 年、『マルクス主義の諸前提と社会民主主義の諸任務』を著す。労働者の窮乏化・階級闘争・プロレタリア革命を否定し、議会制民主主義を重視して、マルクス主義の原則修正を要求した。1901 年、ドイツに帰国。第 1 次大戦勃発後、政府の戦争政策に反対し、それを支持する社会民主党を離れ、独立社会民主党に加わる。1919 年、復党。

九、レンナー　オーストリア人の一つの類型

① ここにはペリンカのレトリックの典型が見られる。結果として招来されたことを、あたかもレンナーの意図であったかのごとくに記述するやり方である。レンナーがグログニッツに隠棲した時点で、誰もその後の情勢の展開（第 2 次世界大戦の勃発とその帰趨）は正確に見通せなかったはずである。1941 年、レンナー自身が友人に宛てて「現在の出来事は、歴史発展の重大な転機になりつつある。旧きものは没落して、もう戻ることはない。……我々老人にとって……その存在にとって残るのは、おそらくあと 1 度の万霊節だけではないのか」と極めて悲観的に漏らしていた（S・ナスコ『カール・レンナー 1870-1950』成文社

2015、80 ページ)。ペリンカが、あたかもレンナーの意図が実現したかのごとくに描くのは、極めてミスリーディングであろう。

② ペリンカは、レンナー個人の誤りとして 3 つの例を引く。彼の 1917 年、1933 年、1938 年の認識ないし活動である。ただし、1933 年の件には若干の注釈が必要と思われる。1927 年 7 月の司法会館焼き討ち事件以来、社会民主党は保守の攻勢に押され、1 歩 1 歩守勢に追い込まれる。党は「よりましな悪弊」の考えの下、妥協を重ねていく。この流れの中で憲法上の妥協を行って、見返りに党と労働組合に最低限の行動の自由を確保しようとする動きが浮上する。これは決してレンナー 1 人だけの行動ではなく、党全体の了解があった。したがって、何としても社会民主党と労働運動を壊滅させようとするドルフースの決意を見通せなかったことは、指導者オットー・バウアーを含む党全体の判断の誤りと言わざるを得ない。Cf. Peter Kulemann, Am Beispiel des Austromarxismus. Sozialdemokratische Arbeiterbewegung in Österreich von Hainfeld bis zur Dollfuβ-Diktatur, Hamburg 1979, S. 362-365, 372-379.

③ ここでペリンカの拡大解釈が述べられていることを指摘しておこう。レンナーがナチスの膨張政策を支持した、と言われているが、レンナーが問題としたのは、ヴェルサイユ条約、サン・ジェルマン条約が積み残した民族自決の原則、チェコに取り残されたズデーテンラント・ドイツ人の民族自決の問題である。レンナーが述べたのは、彼が望んだ平和裏の解決ではないけれども、ズデーテンラントが併合されたことにより積み残された問題が「解決」した、とすることであった。レンナーは、あくまでこの点に拘っているのであり、それが「結果」としてナチ・ドイツによる膨張政策の支持になった、と解釈するならばともかく、レンナーが膨張政策そのものを正面から全面的に支持した、と解釈するには無理があるのではないか。結果が、あたかもレンナーの意図であったかのごとき解釈は、上述の注①の問題とも共通している。この点はレンナー解釈の 1 つの肝心所となる。

④ Walter Reder ナチＳＳ少佐（1915-1991)。第 2 次大戦後、イタリアで市

民虐殺の戦争犯罪に問われる。終身刑の判決を受け、イタリアで服役。オーストリアの介入により1985年に釈放される。帰国に際し、オーストリアの国防大臣（右翼政党の自由党FPÖ所属）が出迎えて論争を呼んだ。

付論訳注

① 1938年にナチ・ドイツがオーストリアを併合した後のドイツ国境。

② 2018年は、オーストリア第1共和国樹立100周年だった。

③ 第2次大戦後、旧社会民主労働者党を中心に結成された社会党は、1991年に社会民主党に改名された。

④ ハイキング・旅行を目的とした社会民主党系労働者組織。

⑤ 1920年に下野した社会民主党では、オットー・バウアーを中心とする左派が主導権を握り、右派のレンナーは表舞台から退場して消費生活協同組合や労働者銀行の仕事に打ち込んだ、というのが実情であり、「権力基盤を築いた」という表現はミスリーディングであると言わざるを得ない。

⑥『新ウィーン日報』紙（1938年4月3日）に掲載された。

⑦ 定説では健康だった。1945年の暫定政府樹立から、その年末に大統領に選出されるまでの激務を考えれば、「むしばまれた健康」状態での活動は考えられない。

⑧ 再び採用されたのは、議会中心主義の1920年憲法ではなく、行政の権限を強化した1929年の修正憲法だった。

⑨ ルエーガーについては、本論訳注二の④を参照。

訳者紹介

青山孝徳（あおやま・たかのり）

1949年生まれ。1980年名古屋大学大学院経済学研究科博士課程単位取得により退学。ドイツ、オーストリア社会思想史研究。

論文：「1945年のカール・レンナー――スターリンのレンナー探索説とその真相――」（『アリーナ』No.20/2017）等。

翻訳：アルベルト・フックス『世紀末オーストリア 1867–1918　よみがえる思想のパノラマ』（昭和堂 2019）；ジークフリート・ナスコ『カール・レンナー　その蹉跌と再生』（成文社 2019）；批判的研究者のロクーム・イニシャティヴ編『カール・コルシュのアクチュアリティー』（こぶし書房 2019）等。

カール・レンナー入門

2020年7月26日　初版第1刷発行

訳　者　青山孝徳
装幀者　山田英春
発行者　南里　功

発行所　成文社
〒258-0026 神奈川県開成町延沢 580-1-101
電話 0465 (87) 5571
振替 00110-5-363630
http://www.seibunsha.net/

落丁・乱丁はお取替えします

組版　編集工房 dos.
印刷・製本　シナノ

Printed in Japan
ISBN978-4-86520-050-8 C0023

歴史

ジークフリート・ナスコ著　青山孝徳訳

カール・レンナー

その蹉跌と再生

A5判上製
400頁
5000円
978-4-86520-033-1

二つの世界大戦後の混乱の中で二度の共和国樹立者、つねに調和を重んじ、構想力に富み、前向きで思いやりのある政治家。すでにコンパクトながら包括的な伝記のある著者が、本書でより詳細にレンナー八十年の実像に迫る。粘り強くオーストリアを率いた「国父」の肖像。2019

歴史

ジークフリート・ナスコ著　青山孝徳訳

カール・レンナー

1870—1950

四六判上製
208頁
2000円
978-4-86520-013-3

オーストリア＝ハンガリー帝国に生まれ、両大戦間には労働運動、政治の場で生き、そして大戦後のオーストリアを国父として率いたレンナー。本書は、その八十年にわたる生涯を、その時々に国家が直面した問題と、それに対するかれの対応とに言及しながら記述していく。2015

歴史

R・リケット著　青山孝徳訳

オーストリアの歴史

四六判並製
208頁
1942円
978-4-915730-12-2

中欧の核であり、それゆえに幾多の民族の葛藤、類のない統治を経てきたオーストリア。そのケルト人たちが居住した古代から、ハプスブルク帝国の勃興、繁栄、終焉、そして一次、二次共和国を経て現代までを描いた、今まで日本に類書がなかった通史。1995

歴史・文学

松原広志著

ロシア・インテリゲンツィヤの運命

イヴァーノフ＝ラズームニクと20世紀前半ロシア

A5判上製
312頁
4000円
978-4-86520-032-4

自由と人格の尊厳を求めて文筆活動に携わり、帝政ロシアからスターリンの監獄までを経験、その後ナチス・ドイツの収容所を経て、戦火のヨーロッパ各地を流転。その間、多くの知識人たちと交わした論争を紹介しながら、その流浪の生涯を浮き彫りにしていく。2019

歴史・思想

イヴァーノフ＝ラズームニク著　佐野努・佐野洋子訳

ロシア社会思想史 上巻

インテリゲンツィヤによる個人主義のための闘い

A5判上製
616頁
7400円
978-4-915730-97-9

ロシア社会思想史はインテリゲンツィヤによる人格と人間の解放運動史である。ラヂーシェフ、デカブリストから、西欧主義とスラヴ主義を総合してロシア社会主義を創始するゲルツェンを経て、革命的民主主義者チェルヌイシェフスキーへとその旗は受け継がれていく。2013

歴史・思想

イヴァーノフ＝ラズームニク著　佐野努・佐野洋子訳

ロシア社会思想史 下巻

インテリゲンツィヤによる個人主義のための闘い

A5判上製
584頁
7000円
978-4-915730-98-6

人間人格の解放をめざす個人主義のための闘い。倫理的個人主義を高唱したトルストイとドストエフスキー、社会学的個人主義を論証したミハイローフスキー。「大なる社会性」と「絶対なる個人主義」の結合というロシア社会主義の尊い遺訓は次世代の者へと託される。2013

価格は全て本体価格です。